Anonymous

Der Fall des Menschen

Anonymous

Der Fall des Menschen

ISBN/EAN: 9783743362864

Hergestellt in Europa, USA, Kanada, Australien, Japan

Cover: Foto ©ninafisch / pixelio.de

Manufactured and distributed by brebook publishing software
(www.brebook.com)

Anonymous

Der Fall des Menschen

Der Fall
des
Menschen,

aus dem Englischen
des weiland

Herren Dryden.

Frankfurt und Leipzig,

in der Fleischerischen Buchhandlung.

1 7 6 1.

Vorbericht.

Ich wage hier eine deutsche Ubersetzung von Drydens Fall des Menschen, welche ich ganz nicht ohne Fehler glaube, und damit ich mit niemand um den Vorzug streiten will. Ich dachte nur dieses Schauspiel in unsere Muttersprache zu bringen, und dasselbe, weil es mich sehr schön deuchte, und ich dessen Gedanken und Reden dem Sinne und den Umständen der Personen, welche darinnen aufgeführet werden, durchaus angemessen und natürlich fand, denjenigen meiner Landesleute, die des Englischen unerfahren sind, hiedurch bekannt zu machen.

Und zwar, ist eigentlich die ursprüngliche Ubersetzung dieses Stückes, obschon sie das Licht nicht zuerst erblicket hat. Man gab sie vor etlichen Jahren dem Herrn Professor Spreng. Sie war aber damals nur wörtlich; zwar schon in Blankversen, aber noch nicht übersehen. Damit schaltete er hernach, nach Belieben. Oeffters gieng er von dem

X 2   Sinne

Sinne des Urstückes ab; und sonderlich wenn er in
das Reimen kam, ward er zu Zeiten viel weitläufti-
ger als **Dryden**. Er verleidete etwann desselben
Gedanken in die seinige, oder setzte seine eigenen an
derselben Platz. Auf diese Weise wurde endlich
eine also ausgearbeitete Ausgabe, unter seinem
Namen zu **Basel** gedruckt, und sah demnach, die
Tochter, vor der Mutter das Weltlicht; und diese
erblicket es erst itzo, lange nach jener. Wie nun
diese späthe Mutter werde aufgenommen werden,
überläßt man dem Schicksal, und steht nur für
dieses, daß sie ihrem Vater, dem **Drydischen** Urstücke, in der Gedenkart mehr gleichet, als ihre
Tochter, die wohlgemeldte **Sprengische**, welche
ihre Geburth und ihr Wesen doch dieser zu verdan-
ken hat.

Ich erwählte die gebundene vor der ungebun-
denen Schreibart, weil für ein heroisches Gedicht,
jene weit mehr Geschickes, als diese, hat. Die Personen eines solchen Gedichtes, werden insgemein,
erhaben, ernsthaft, gesetzet in ihren Characteren,
eine jede nach ihrer Art groß, vorgestellet. Man
giebt ihnen meistens starke Affecten. Der Gegen-
stand der Handlung, erfordert was Heftiges; und
da die Leidenschaften, sich in ihrer größten Stärke
weisen, so muß auch ihre Sprache, der Ton und die
Art sie zu äussern, und der Sinn der Worte selbst,
pathetisch, deutlich, erhaben, bedächtlich, ernsthaft und gemessen seyn. Dieß führet die Rede, auf
einen gewissen, gedankenvollen Wohlklang, und
fodert einen ernsthaften Tact in der Ausdrückung,

und

und einen angenehmen gleichfliessenden Lauf des Sylbenmaßes, was die Alten einen Numerum in der Rede hiessen; welches alles sonderlich, bey der gebundenen Rede befindlich ist. †

Blankverse aber, zog ich den gereimten darum vor, weil ich es pur unmöglich halte, sonderlich von einem langen Gedichte, eine getreue Uberse-tzung zu geben, wo man durch den Reimenzwang gebunden ist. Und, wenn man sich gleich, die Freyheit nähme, die Füsse der Verse ungleich zu machen, so würde doch der Reim die gröste Hin-terniß bringen. Man halte, die allerbesten ge-reimten Uberseßungen, die wir von einem Racine, Corneille, oder aus dem Englischen, oder von einem Virgil oder andern haben, unparteyisch gegen die Urstücke; wer sich nicht mit einem Schat-ten der Gleichheit begnüget, wird dieser Wahrheit, augenscheinlich überführet werden. Nur an etli-chen wenigen Orten, wo es der blose Zufall giebt,

)(3 werden

† Darum halte ich die Verse nicht nur für Heldengedichte, sondern auch für die Trauerspiele, so natürlich, als ich dieselben in Lustspielen unnatürlich, ja fast lächerlich und gezwungen halte. Es müßte denn seyn, daß sie der prosaischen Art zu reden, wie bey dem Terenze und den alten Griechen so nahe käme, und so natürlich klünge, wie ihre Gedichte dieser Art thaten, da man in der Aus-sprache kaum merken konnte, daß es eine gebundene Rede wäre. (Und wer wird im gemeinen Leben, welches die Lustspiele vorstellen, in Versen, ich will geschweigen in Reimen reden.) Dieß ist bey unserer Art zu reimen nicht wohl möglich. In Blankversen möchte es eheuder angehen. Auch ein Molliere selbst, der sonst in seinen Versen so natürlich ist, hat es nicht immer getroffen, und finden sich unzählige Ausdrücke und Gedanken bey ihm, welche na-türlicher gewesen wären, wenn die Tyrannie der Reimen sie ihm nicht ausgepresset hätten.

werden dergleichen Uberſetzungen, ihre Urſtücke
genau ausdrücken. Andrer Orte, wird kaum der
Stam derſelben von ferne zu finden ſeyn. Die
ſtärkſten Stellen, die ſchönſten Epitheta, die kräf-
tigſten Ausdrücke werden zurücke bleiben. Die be-
zaubernde Kürze gewiſſer Sprüche, wird des Rei-
mes wegen müſſen umſchrieben, und durch ihre
Ausdehnung matt werden. † Bey den Blankver-
ſen aber, hat man mehr Freyheit, und es iſt da,
wenigſtens möglich, eine getreue Uberſetzung zu
hoffen.

Doch ohngeacht dieſer Freyheit, welche meine
Arbeit ſoll erleichtert haben, bin ich doch nicht
gänzlich damit zufrieden, wenn ich es gegen dem
Urſtücke ſelber halte. Dann ich finde noch manchen ſchönen Ausdruck, welcher mir zurück geblie-
ben iſt, und anderes, das ich beſſer wünſchete. = =
Nur glaube ich, daß wenn geübtere Federn, und
Männer, welche wirkliche Dichter ſind, ſich einer
poetiſchen Uberſetzung unterziehen und dabey dieſe
Versart erwählen wollten, ſie würden die Gedanken

---

† Es iſt ſich zu verwundern, daß dieſ ſo gar einer Madame
D'Acier geſchehen iſt, da ſie den Terrenz überſetzte: obſchon ſie ſich
nur der Proſen bediente, und die franzöſiſche Sprache im Comiſchen
und zu kurzen Ausdrücken, und geſchwinden Einfällen, wegen dem
lichten und flüchtigen Gehirn dieſer Nation mehr zugeſchnitten und
vortreflicher als irgend eine andere, und darum faſt aufgelegter dazu
als zum Tragiſchen iſt. Und doch iſt ihre Uberſetzung ſo matt gera-
then, daß Leute von Geſchmack, welchen die lateiniſche Sprache unbekannt iſt, daraus nimmer begreifen könnten, was denn ſo beliebtes
in dieſem alten Comödienſchreiber ſtecken könne? Ich begreife auch
noch nicht, wie es möglich war, daß eine franzöſiſche Dame, aus
das ſo fein Comiſchem, nicht etwas weit beſſers gegeben hat.

danken ihres Urverfassers ehender treffen. Der Reim würde sie nicht nöthigen um ihn glücklich zu ergänzen, so manchen fremden und meistens über- flüssigen oder kalten Gedanken nur zum Ausfüllen herzusetzen; oder an statt einer Ubersetzung, eine lange Umschreibung zu geben; oder das Unbequeme auszulassen, oder für ein schickliches Gleichniß, ein unschickliches herzusetzen: deren Beyspiele man bey tausenden würde aufzuweisen haben, die alle billig als so viel vermeidliche Fehler anzusehen sind.

Dann eine Ubersetzung, soll nicht nur den Sinn des Urstückes, sondern auch seine Weise, den- selben an den Tag zu geben, so viel ausdrücken, als es möglich ist. Und in so ferne, ist die Beschäffti- gung eines Ubersetzers, ehender eine knechtische und dienende, als eine herrische und befehlende Arbeit. So wenig als es ihm ansteht, das Urstück durch seine Arbeit schlechter zu machen, so wenig liegt ihm ob, dasselbe durch seine eigene Zusätze zu ver- bessern.

Um aber nun auch etwas von der Ausführung selbst, dieses Drydischen Schauspieles, und dem Stoffe desselben, zu sagen, so ist der Urverfasser allzubekannt, daß der geneigte Leser, nicht sollte, was sehr Gutes von ihm vermuthen. Die Ge- danken wird er durchweg stark und natürlich finden. Viele ganz neu, und dem Dryden eigen. Andre sind zwar, wie die ganze Führung dieses Stückes, aus des Miltons verlornem Paradiese genom- men, aber so markicht und kernhaft zusammenge- zogen, daß man sie durchaus auserlesen, und denen

X 4   die

die sie vorbringen, und ihren Umständen, bey na=
hem nothwendig nennen mag.

Es sind wenig Metaphern, und in dem ganzen
Stücke keine von der schwülstigen Art, welche neue
Metaphern aus sich selbst, und Schatten aus
Schatten zeugen; und da der Poet die Schönheit
und Erhabenheit darinn suchet, daß er meinet un=
natürlich, und öfters übernatürlich reden, sey poetisch
geredt. Der Reichthum der Gedanken, die Schön=
heit der Bilder, der Geist, der aus jeder Person,
nach ihrem Wesen redt, ersetzen diesen Mangel,
oder vielmehr treten sie an den Platz der obigen
strotzenden Schönheiten. †

Man

† Mich wunderte es öffters, wenn sich etwann, sonst grosse
Geister, welche trefliche Gedanken haben, und deren Einsicht, zur
Ausführung eines grossen epischen Gedichtes, gründlich genug ist,
von diesem übertriebenen Geschmacke hingerissen sehe: daß sie, wie
man ehekessen in Epopeen und Romanen, in das Wunderbare der
Ebentheure verfiel, da dieser wiedernatürliche Geschmack billig ge=
fällen ist, nun an dessen Stelle, auf das Wunderbare in den Aus=
drücken und in den Gedanken so begierig sind: Und da sie sich, durch
beständige Metaphern, Tropen, Allegorien, und freche und unge=
wöhnliche Redenkarten und Schwünge aufbläben, sich dadurch be=
wundrungswürdig machen, und verewigen wollen.
Sie behaupten, die Alten zum Muster zu nehmen, und über=
steigen doch eben diese ihre Muster, die gepriesenen Alten. Ich nehme
nur einen Pindar aus. Man vergleiche alle übrigen, einen Virgil,
einen Homer, einen Horaz, Ovid, Hesiod, und s. f. mit ihnen,
und nehme aus jedem dieser Bücher, die ersten die besten 100 Hexa=
meter. Diese halte man gegen 100 von den ihrigen, und zähle beyds
seits, die figürlichen, ungewöhnlichen und metaphrische Redens
arten; ich stehe dafür, man wird immer bey unsern Neuern, in der
gleichen Anzahl der Verse, drey bis viermal mehr, derselben finden.
Warum aber, wollen sie, ihre mit dem grösten Rechte hochgeschätzten
Muster, eben in dem Unnatürlichen übertreffen? Grosse Gedanken
sind

Man wird die **Eva** darinnen durchweg sehr sinnlich finden; etwas leicht von Gemüthe; in sich selbst verliebet; schlau, den Mann, durch ihren Liebreiz, nach Belieben zu bengen. Sie ist neugierig, heftig in ihren Begierden, leichtglaubig, wo es in ihre Leidenschaft einschlägt. Alles dieß

X 5 war

sind immer schön: aber wahrlich, kaum ein Morgenländer, wird einem jeden derselben, mit einer Metapher ausdrücken, und einem jeden Hauptworte, ex officio, ein Epithetön beylegen.

Ja, nehmen diese Herren, einen Boilean, die Oden eines Rousseau, die Gedichte eines Optzen, eines Canitzen, eines Ballers, eines Hagedorns, eines Labarre, eines Drollingers, eines Sprengen, eines Miltons; (ich nehme mit Fleisse nur dies jenige Neuerei, welche sie selbsten nicht unter die wässerigen zählen) sie werden auch diese, an unnatürlichem Schwulste weit übertreffen.

Wir schienen immer, die Liebhaber von dergleichen hochtrabenden und strotzenden Gedichten, den Romanenheldinnen gleich, da der Held ihrer künftigen Liebe, immer was Übernatürliches haben mußte, . . er mußte etwann als ein verborgener Prinz erfunden werden; dessen Geschichte mußte zuvor durch 1000 Ebentheure laufen, bezauberte Schlösser, Zauberer und Zauberinnen, und die ganze Geisterwelt mußte damit beschäfftigt seyn, damit ein solches Märchen recht schön wäre. . . Ein gleiches Bild machen sich diese erhabnen Dichtergeister, von ihrer Göttersprache, der Poesie, welche sich biß über den gestirnten Himmel, in das Empyreum, ätherisch, ungewöhnlich, in lauter metaphrischen Bildern verhüllet, in ihrem dichterischen Feuer, entzücket, und recht begeistert sublimirt, erhoben: und um recht ausserordentlich poetisch zu seyn, in einer ausserordentlichen Sprache sich offenbaren muß.

Könnte nicht, auf diese Weise, unser Jahrhundert, wie ehemals das Augustische, sich nach und nach wieder in ein Constantinisches; und denn in ein Justinianisches, und zuletzt gar wieder in ein Ostrogothisches verwandeln? Ich sollte es glauben, wenn anderst nicht das Zeugniß eines dergleichen grossen Dichters wahr ist, wenn er gleich anfangs, bey Anrufung seiner Muse von Zion, sehr bescheiden von sich selbst bezeuget was folgt,

——— ———, allein die himmlische Muse,

——— führt den Dichter, der an dem Geburthstag, von der Mutter Natur, ihr an die Brüste gelegt ward.

war nöthig, um die Wahrscheinlichkeit zu behaupten, daß ein vernünftiges Geschöpf, welches in einen so glückseligen Stand gesetzet ward, desselben so bald sollte überdrüssig werden, und sich verführen lassen. Doch mag auch hier **Dryden**, seinem satyrischen Geist gepflogen, und dem schönen Geschlechte unserer Zeiten, eines haben anbringen wollen. Er vergaß nämlich, in seinem dichterischen Feuer, wie mancher, der männlichen Abkunft, von dieser allgemeinen Ahnfrau, obigen **Evaischen** Eigenschaften wegen, eben so wohl als sie, könnte unter die **Even** gezählet werden.

Der **Adam** hingegen, wird nachgebend, als ein Verehrer des grossen **Wesens**, in seinen Schlüssen bedächtlich, vorsichtig, männlich aber für seine Männin zu eingenommen, geduldig, nach dem Fall bereuend, und so bußfertig vorgestellet, daß ihm um die Sünde, ihrer eignen Schwärze wegen, nicht allein um der Straf willen, leid war. u. s. f.

Lucifer und sein Generalstab, sprechen frech, schlau, stolz, ja übermüthig, meistens unbeugsam, voll der bittersten Rache in einem beständigen Hasse und Grimme, wieder das Wesen aller Wesen. Sie sind in der stärksten Verzweiflung, aber dabey, ihrer selbsten immer mächtig, und sich zu rathen, erfindsam. Kurz, sie behaupten durchweg den Character von mächtigen Geistern, welche vor lauter Stolz, aus der grösten Macht und Herrlichkeit, in das tiefste Elend versunken, und dennoch, ihrer durchdringenden, übergebliebenen Fähigkeiten halben,

ben, sich noch weit, über die Einsichten und Kräffte, von uns übrigen Sterblichen, ausgesetzt wissen.

Nur in dem Traumgesichte, werden etliche Chöre böser Geister aufgeführet, welche nicht geistreicher reden, als etwann, die, zu Paris so beliebten, Chansonetes du pont neuf. Allein auch da sollte und mußte es also seyn, um ein sinnliches Weib zu berücken. Eine tändelnde Eva kann besser nicht, als durch Tändeleyen gewonnen werden.

Uriel, und die andern guten Engel, reden zwar auch ihrer geistischen Würde gemäß, doch ists als hätte Dryden sich selber übertroffen, wenn er die gefallenen aufgeführet. Aber auch hier scheinet es, er habe diesen so viel Vorzug geben müssen, als er gethan hat, da sie, den Menschen zum Falle zu bringen, die Oberhand behalten, und also jene, auch den Hauptanschlag belangend, übertreffen mußten. Auch war dieß immer, und wird der kitzlichste Punct, so wohl der Weltweisheit als der Gottesgelehrtheit bleiben, woher die Sünde und das Ubel in die Welt gekommen?

Ich kann nicht unterlassen, noch einer sehr besondern Scene dieses Schauspieles Meldung zu thun, dergleichen eine, kaum in einem andern wird anzutreffen seyn, und welche nach dem Englischen, tiefsinnigen Genie schmecket. Es ist, der Vernunftstreit Adams mit Gabriel und Raphael, über den erstgedachten unergründlichen Punct, und den freyen und gezwungenen Willen; welcher nicht nur ziemlich lang ist, sondern da auch die meisten Hauptgründe dafür und dawieder, tiefsinnig

sinnig ausgeführet werden. Wie unschicklich für
eine Schaubühne muß nicht, eine so truckne und
dörnichte Frage, jederman vorkommen? sonderlich
der nicht ein Britte ist. Doch waget's Dryden
sie darauf zu bringen. Und ich zweifle nicht, es
würde zu seiner Zeit, London noch viele Geister ge=
habt haben, die es mit Freuden angehöret hätten:
Ob diese grosse Nation, es dermals noch rühmen
könnte, so philosophisch in ihren Ergötzungen zu
seyn? da mache ich sie selbst zur Richterinn. ⁓ ⁓.
Nun komme ich auf den Innhalt dieses Stückes.

Es ist mir nicht unbewußt, daß derselbe, den=
jenigen ansehnlichen Gelehrten, zuwieder seyn wer=
de, welche dergleichen religiöse Materien, weder in
Gedichten vorgestellt, noch auf Schaubühnen ge=
bracht wollen haben. Ich gedenke aber nicht,
mich in diesen Streit einzulassen. Und da ich von
beyden Seiten sehr hochachtungswürdige Männer
sehe, so wäre es eine Verwegenheit an mir, ein
Urtheil zu fällen.

Doch glaube ich allerdings, daß es ein grosser
Unterschied ist, dergleichen was, nur zum Lesen
zu schreiben, und es offendlich vorzustellen. Beym
ersten finde ich weit weniger anstössiges als beym
letzten; ja ich finde in jenem nicht mehr, als in ei=
nem Gemählde, da ich dergleichen abgeschildert sehe;
wieder dieses aber habe ich eines und das andere
einzuwenden. ⁓ ⁓. Eine der Haupturfachen ist,
daß die blosen Leser, meistens, mehr erleuchtet sind,
als die Zuhörer, da jene insgemein nur aus ansehn=
lichen, oder doch gedenkenden und wissensbegierigen

Leu=

Leuten bestehen, diese aber auch den niedrigsten
Troß unter sich haben, welchen mehr die Neugierde
reizt und das Schauspiel rührt, als eine Uberle-
gung, über den Zweck und die Führung von einem
Drama, beschäftigt.

Darum wenn man ein solches Stück, nur bey
dem Lesen bewenden läßt, so kann es als ein Spiel
von grossen Geistern angesehen werden, welche,
wehrend dem Ausarbeiten, sich in die Leidenschaff-
ten, und in Denkens= und Gemüthsverfassung, von
dergleichen, so wohl himmlischen als höllischen Personen versetzen wollten, um über diese oder jene Geschichte, ein Gedicht zu verfertigen, welches die-
selbe, nach der Natur und Kunst, dem Geist und
dem Innerlichen nach so ähnlich vorstellete, als irgend ein grosser Mahler das Aeusserliche, den leib-
lichen Augen, vorschildert.

Der Leser steht auch nicht in der Gefahr, durch
dergleichen halberdichtete Vorstellungen, der Geschicht halben, in Irrthum verleitet zu werden, da
er es als ein Gedicht lieset, und folglich die Zusätze
von Fabeln, Allegorien, Personen, Reden und
Gedanken, als solche erkennet, so bald er sie nicht
in canonischen Büchern findet. Er weis dieß weit
sicherer, als wir aus des Xenophons Cyropädie,
welche ein Mittelding von einem Gedicht und einer
wahren Geschicht scheinet zu seyn, schliessen können,
wie weit man ihr folgen müsse, wenn wir sie gegen
des Herodots Erzählung, von dem grössern
Cyrus halten. Also geht es uns auch mit einem
Homere, die Zerstörung von Troya, betreffend,
weil

weil wir davon keine ausführliche uralte sichere Geschichte haben. - Hingegen können wir in der Aeneis, das Wahre von dem Erdichteten besser unterscheiden, weil wir da schon mehr Licht aus den ächthistorischen Römischen Geschichtschreibern schöpfen können.

An unserm Bibelbuch aber, haben wir einen noch weit bessern Probirstein, daran ein Leser eine jede religiose Epopee prüfen mag. Dieser verhindert allen Irrthum und alle Verwirrung der Geschichte. Darum habe ich, dieser und andrer Ursachen wegen, dergleichen christliche, und andere theosophische Epopeen zu lesen, noch nimmer, keinen Anstoß, ihres Stoffes wegen gefunden, obschon der schwülstige, und zu übertriebene Vortrag von etlichen, nicht allerdings gefällt.

Ganz anderst gedenke ich von den Schauspielen, welche wirklich sollen vorgestellet werden. Deren finde ich zwo Gattungen.

Die eine ist so grob, daß auch die Verfertigung allein eine Sünde kann genennet werden, und die Vorstellung selber gottslästerlich scheinet. Ich meine diejenen, da GOtt selbst, oder die drey Personen der Gottheit, oder auch Christus persönlich vorgestellet, dergleichen eines in dem Neuesten angeführet wird, welches ein Schandflecken, dessen der es verfertigt, und zum Theil auch der Religion, welche eine solche Vorstellung erlauben würde, kann genennet werden. Daß die wirkliche Aufführung eines dergleichen Stücke, ruchlos, und ein Mißbrauch des allerheiligsten Namens,

des

des Allmächtigen sey, wird verhoffendlich keines Beweises bedörfen.

Die andere ist, eine zu schreiben wohl erlaubte Gattung, wie zum Exempel, dieser Drydische Fall Adams, und viele geistliche Stücke, aus dem Corneille, Racine, und andern, aber da die Vorstellung, wo nicht ganz lasterhaft, doch nicht durchaus sittlich kann genennet werden. Und deren sind es wieder zweyerley. Entweders werden da böse Geister, oder nur andre Personen aufgeführet.

Wo ein Lucifer und Teufel vorkommen; da halte ich es der Würde eines Menschen zuwieder, einen solchen vorzustellen. Es weiset etwas Freches. Bey den ausgelassensten Bällen, wird eine solche Masque, auch ehe man sie kennet, so bald wenigstens für profan gehalten. Wie kann es denn, in einem offendlichen Schauspiele wohl aufgenommen werden? sonderlich zu unsern Zeiten, da die Theater weit gereinigter sind, als ehedessen. Darum würde ich es wieder die christliche Policey, und auch nach unsern Europäischen Ideen, wieder die politische, gefehlt halten, wenn man ferners, zum E. die Farce eines Doctor Fausten aufführen liesse. ⁂ Aus eben diesem Grunde, gebe ich, diesen Fall Adams, nur zum Lesen, und begehre so gar, daß er von allen deutschen Schaubühnen, für ewig verbannet werde.

Wo aber nur andre Personen vorkommen, als zum E. in einer Esther, Athalie, und dergleichen, da kann die theatralische Vorstellung schon erlaubter werden. Doch halte ich sie nach der gereinig-

tern

tern Sittenlehre, nicht gänzlich vorstellbar. Je
besser dergleichen Stücke sind, je gründlicher wird
darinnen über die Religion gesprochen; je schönere
Ideen, von der Gottheit, von den Geheimnissen
der Religion, und dergl. werden durch Worte ge-
äussert werden. Sollen alle diese Dinge für eine
Schaubühne, wo bald darauf das lächerlichste
Nachspiel, das reizendste Ballet, von den gleichen
Personen aufgeführet wird, sich schicken? Wenn ein
theatralischer Arlequin, eine Kanzel bestiege, würde
man sie nicht für beschimpfet halten, und man soll
eine geistliche Rede, nicht für entunehrt glauben,
wenn sie von Arlequinen, auf der Schaubühne der
Arlequinen gehalten wird? kann es auch nur philosophisch, ich will nicht nach der Christen Sittenlehre fragen, ganz gut geheissen werden? heißt das
nicht auch, Serpentem geminare agno? Ich halte
dafür, niemand meiner Leser, werde mir wenigstens nicht zugestehen, daß es besser wäre, sie nicht
aufzuführen.

Allein ich ende hier, um nicht das Gleichmaß
zwischen einer Vorrede und ihrem Buche, zu viel zu
überschreiten.

Der

Der Fall des Menschen.

Der erste Aufzug.

Lucifer,
der sich aus dem Pfuhle windet.

Ist dieß der Sitz, den uns der Ubertvinder gab?
Und solchen Tausch bringt er uns für den Himmel auf!
Mein Krieg ertvarb dieß Reich, und diese Gegenden..
Diß leyd'ge Fürstenthum, ist des Besiegten Loos,
wo theils ein flüß'ger Brand, theils Dürren zu betvohnen,
der Höllen einziger, unsel'ger Wechsel ist.

Doch sieh, es ruft, dorthin der Ferne schon,
der Sieger seinen Rachgetvittern,
den Dienern seines Kriegs, zurück.
Die Pfeile sind verthan, sein müder Donner schläft,
Und brüllt nicht mehr, durch die gränzlosen Tiefen.

A   Das

Das beste ists,
da es Gelegenheit, und Zeit erlaubt und giebt,
wir winden uns, aus diesen Feuerwellen.

    Auf! auf! Asmody auf! erwache; bist du es? er ..
Doch ach! wie ungleich bist du dir, mein Wafenfreund!
Wie dunkel, blaß und matt, sind alle deine Herrlichkeiten?
Ich sehe meinen Fall, und mich, zu wohl an dir.

Asmody.

O Thronenfürst! der in den Lichtgefielden,
die Seraphim, zur Schlacht geordnet, angeführt;
und schon die Macht, des ew'gen Staats erschüttert,
ja hätt' es das Geschick erlaubt,
so gar, gestürzet würdest haben;
wir liegen schon zu tief, und diese Hoffnung fällt.
Von seinem Tag, und Himmel ausgeschlossen,
ist unsre Götterform, so viel sie sterben kann, zernicht;
doch aber vollends nicht zu Grund gericht,
uns bleibet noch, das Wollen unbezähmt.
Wir trotzen noch, und wagen noch den Krieg.

Lucifer.

Auch mag die Stärke wiederkommen.

Asmody.

Ich fühle schon, durch deine Stimm' erweckt,
die Wirkung deiner Tapferkeit, an mir.

Lucifer.

Lucifer.

Bemerke diesen Pfuhl;
zerstreuten Blättern gleich, so in dem Spätjahr riesen,
liegt unser Volk darauf.
Laßt erstlich uns, uns selbst, hier auf das Trockne schwingen;
vielleicht ists besser auszusteh'n.

Asmody.

Dein wohlbekannter Ruf, mag leicht, von jenem Strand,
dieß schlummernde Gottheitenheer erreichen,
und ihr unsterbliches Gefühl,
das dieses donnernde Gebrüll,
tief eingeblitzt, gedämpft, und in sie selbsten trieb,
schon wieder wacker machen.

Lucifer.

Bemüh'n wir uns, mit weit gedähnten Flügeln,
und auf der düstern Luft gelähnt, mit Macht empor.

O Hölle! nimm mich auf, als deinen neuen Herr'n.
Der Himmel kann mir hier, ein Reich, wohl nicht beneiden.

(Sie fliegen beide auf das Trockne.)

Asmody.

So weit gewonnen wirs, wenns was gewinnen heiß,
den Ort, und nicht die Pein, verändern.

Nun mahnet auch die andern auf.

A 2   Lucifer.

Lucifer.

Herrschaften! Mächten! und Ihr Häupter!
Des lichten Heers, des (einsten unsern Theils,
nun in der Schlacht verlor'nen) Himmelreichs
erwacht aus euerm Schlummer.

Ist euer Bett so weich, daß Ihr so ruhig schläft?
Wie? oder schrecket euch, die sauergefalte Stirne,
die euch von dannen schlug, und nun sich freut zu sehn,
wie Ihr in so erschlagner Lage,
Ihm seinen Sieg bekennt.

Flugs auf! eh' er, von seinem Schlaggerüste
Euch so erniedrigt liegen sieht
und neue Strählen schafft, euch tiefer zu versenken.

Asmody.

Sie wachen schon, und hören dich;
nur schütteln sie den Schlaf, und ihre Furcht von sich...
Da stehn sie schon, des Losungsworts gewärtig.

Lucifer.

Erhebt euch aus der Flutt, und schwinget euch herüber.

Moloch
aus dem Schwefelpfuhle.

Dir stehet der Befehl, uns der Gehorsam zu.

(Die übrigen Teufel stehen auch auf,
und fliegen gegen dem Lande.)

Lucifer.

Lucifer.

Nun dann, so sind wir wieder unser,
Ein Heer, geschickt, das Schicksal noch einmal,
um das Verlorne anzugehn,
und sein äther'sches Schutzwerk zu ersteigen.

Ists zu erklettern uns zu hoch,
so laßt uns ungesäumt,
sein steiles Luftgewölb, durch Minen unberfahren;
der flieg' empor, der uns mit Recht regirt,
dieweil er stärker ist.
Wird er gezwungen nachzugeben,
so fällt das Recht uns wiedrum zu.
Es ist gerecht, die Oberhand gewinnen,
Sie suchen, und verfehlen, wird zur Sünde.

Moloch.

Verändert wie wir sind, sind wir doch Pflichte-los.
Zuletzt gewann uns noch die Hölle, frey zu seyn.
Dieß war schon fallenswerth, und ungleich besser ists,
so tief wir auch gesunken sind,
der Hölle Herren seyn, als in dem Himmel Knechte.

Lucifer.

Da sprach, die beste Helfte Lucifers.

Asmody.

Es schickte sich, in vollem Rath zu schliessen,
was rteg? Ob List? ob offene Gewalt,

beliebt?

beliebt? den neuen Krieg zu führen.
Das Urtheil ist gefällt, das Schmiegen wär' umsonst.

Moloch.

Und wär' es nicht, Ein Moloch schämte sich,
dergleichen Niederträchtigkeit.
Nichts hält mich ab, und sollt ich droben herrschen.

Hohn einer Macht! Die feiges Flehen beugt,
als unwerth mich besiegt zu haben.

Beelzebub.

Da, Moloch! sind wir eins, und alle gleich entschlossen,
der Mittel nur, wird nicht gedacht.
Doch schickts sich nicht, daß unser Divan sich,
vor aller Augen niedersetze,
und den dem Donnerer, zum Trutz gefaßten Schluß,
der Troß gemeiner Teufel höre.

Lucifer.

Es werde denn, ein güldener Pallast.
So wie der Himmel war? Nein, er verdunkl' ihn noch.
Das Erz, voraus das Gold, gehört ja alles unser.

Geschwind! ... geredt, geschehn.

(Es erhebt sich aus dem Boden ein prächtiges
Rathshaus, worinnen sich Lucifer, Sa-
than, Moloch, und andere Oberste der
Teufel in Versammlung setzen.)

Hoch

Hochmögende! Hochmächt'ge Herrn!
Die Ihr so glücklich fielt, hier unten in der Hölle,
derselben Generalstat anzusehn, und es noch nicht bereu't,
Obschon Ihr so gestürzt, und unser Oberland,
bereits gewonnen ist.
Wie wohl steht solcher Stolz nicht, freigeschaffnen Seelen,
und solcher Haß, der allgemeinen Einzelmacht?
Sprecht! Darum sind wir hier, ob ihr den Frieden wollt?
Wählt Ihr den Krieg, so sagt die Mittel ihn zu führen.

Moloch.

Ich stimme für den Krieg, den offenbaren Krieg,
mit Kriegslist unbekannt, kenn ich einfältig, nur die Stärke.
Die Underhandlung taugt, für Ubewund'ne, nichts.
Und würd' uns gleich, der Himmel Frieden geben,
Wir! underthan! der Einzelmacht?
Wir könnens nicht verbürgen anzubethen,
und der dortoben, ist zu klug, uns mehr zu trau'n.
Was bleibt uns dann, als eine zweyte Schlacht?

Sathan.

Ich halte mit, so kühn die Meinung ist;
Und giebts noch zehn dergleichen Höllengeister,
so ist der Himmel wieder uns.
Wir wagen weiters nichts, und alles mögen wir erhalten.
Wer hoffte nicht gleich uns? da doch der Sieg
die Feinde sicher macht, und unsere Gefahr vermindert.
Der Cherub und Seraph, lebt Amt=und Sorgen=los,
und üpp'ger Lüste voll, dort in den Tag hinein.

A 4   Er

Er läßt des Himmels Päß', entmannt und unbewach't,
und lieget in dem Lob, und Jubelsang zerflossen.

Moloch.

Gesetzt es schlägt das neue Wagstück fehl,
aufs ärgste sind wir schon, und so, vor ärgerm sicher,
vielleicht auch reizen wir, den Sieger unsern Feind,
daß er uns gar zernicht. Doch alsdenn wissen wir,
daß, Nichts zu seyn, nicht heisset Ubel seyn.

Belial.

Das Kenntnis, welches wir, als Geister noch behalten,
hat mitten in der Pein, noch seinen grossen Wehrt.
Zernichtet, würden wir, den Himmel mehr verlieren;
und sind wir da, nicht gänzlich ausgebannt,
wohin noch, die Gedanken bringen können.
So lasset dann den Krieg: Versucht Ihn ferners nicht:
Vergnüget Euch, die Pein zu tragen, die Ihr kenn't.
Dann mochten wir nicht einst, was unser war behaupten,
wie werden wir, was sie
dort noch besitzen wiedernehmen?

Beelzebub.

Es schläft der Himmel nicht; Er bräch in einem Nun,
den ganzen Kraiß der Ewigkeit entzwey.
Der Himmel ungereizt, mag endlich sich begüt'gen.
Durch Krieg entgehen wir, dem strengen Urtheil nicht,
und er vergißts vielleicht, so wir nun nicht mehr kriegen.

Asmody.

Asmody.

Bereuen kann ein Teufel nicht,
doch wär's dem Himmel unbewußt,
daß Meutherey, vergeben, stärker wächst,
wollt ich mit Belial, unedle Ruh' erwählen.

Der Sieger aber wird uns weder Frieden geben,
noch sind wir schon so klein, (so klein wir auch schon sind;)
den Krieg, wird er recht ausgedacht, zu scheuen.

Der Engel Höh'n, da sie noch Hinderhalt,
noch dieser Tiefen Macht befürchten,
greift man nicht an. Hat man nicht näh're Weg'?

Es ist ein Ort, (wo uns die Prophezeiung,
und das Gerücht des Himmels nicht betrügt)
Ein neuer Stamm, der Mensch, Ein Halbgott, soll allda
die Segenswohnung nehmen.
Um diese Zeit muß ihn, der Allmachtvolle schaffen.
Er schwur's. Der Himmel bebete... Das Schicksal that's.

Lucifer.

Ich hört's; und das Gerücht lief stracks durch alle Himmel,
und war der Rede viel,
von diesem neuentschloff'nen Menschen:
Nach göttlicher Gestalt, doch herrlich nicht wie wir,
da ihr Verstand, nur in den Sinnen wohnt.
Die Seel' ist pures Feuer, wie unsre, gleicher Stärke;
doch muß sie eingefleischt, sich durch das Reden äussern.

Wir sehen alles durch. Dem Menschen aber, kömmt,
die Wahrheit, durch die Sinnen,
und lauft durch lange Ketten, zaudernder Gedanken.
Bey diesem falschen Licht, versteht und will Er zwar,
doch weil er minder weis, ists leichter, ihn beherschen.

Asmody.

Ist gleich der Himmel vor uns zu,
so bleibet doch die Welt, wo sie geschaffen ist,
als näh'st an ihm, uns offen, anzugreifen.
Drum laßt uns dieses Menschen Staat,
und auch, wie stark er ist ausspähen,
und seh'n, mit was Beding er alles,
von dem Geschick zu Lehen trägt?
Denn dient der Machtzwang oder List.
Dieß ist das leichteste,
und macht ihn uneins mit dem Himmel.
Sprecht Freunde! Lohnt dieß unserer Mühe?

Belial.

Der Nutzen wäre groß, doch die Gefahr nicht minder.
Jemand (wer aber nimmt die Last gern über sich?)
Muß diesen neuen Schuf, wohl auszuforschen gehn,
zuerst die Ehr'ne Pforte brechen,
und denn, die alte Nacht durchziehn,
und durch den Graus, des grauen Chaos wandern.
Ist das vorbey, so sind die vordern Himmelswachen,
die ungeheuren Weiten durchzusehn.

Bey

Bey jedem Paſſe wird Er harſchlich angeſchrien,
und muß durchaus, gerechte Antwort geben.

Moloch.

Dieß Geiſtern würd'ge Werk . . . .

(er richtet ſich dabey, mit Heftigkeit,
und ſchnell auf.)

Lucifer,
auch auffſtehend, legt ſein Zepter auf Molochs
Haupt und ſpricht.)

           Halt in', erhitzter Geiſt!
Mir mir, und niemand wird mirs nehmen,
gebühret dieſer Lorbeerkranz,
Ein Tapfrer, wie du biſt, mag ſicher feurig fechten.
Doch dieß zu führen, iſt der Grundſtein unſers Staats;
Warum ward ich an Stand, den andern vorgezogen,
wenn alldieweil ich eigenmächtig bin,
Ein and'rer mehr Gefahr darf wagen?
Gemächlichkeit iſt für den König nicht,
Er iſt kein Schau- und Blendgerüſte.
Wer Siegreich heiſſen will, muß auch verwegen ſeyn,
und wer nicht fallen darf, verdienet nicht zu ſteigen.

Asmody.
Denn wird, wie die Gefahr, das Lob dir einzig ſeyn.

Lucifer.

Lucifer.

Auf diesen Grund nun setz ich meinen Thron.
Stracks durch das eherne Thor, das ungeheure Chaos,
und durch die alte Nacht, will ich den Weg erzwingen.

Mein Flug geht über sich: Um jene neue Welt
und den noch neuern Menschen auszuspähen.
Er soll als Fußtritt mich, zum hohen Himmel führen.
Denn werd ich in der sanften obern Luft,
die Flecken unsrer Flucht
die Narben seines Schreckendonners,
und andere furchtbaren Uberbleibsel
des unbeglückten Kriegs ausscheur'n.

So werd ich wieder einmal glorreich werden
und wieder einmal licht,

Asmody.

Indessen mag die freche Höllenjugend
genau auf ihrer Wache stehn:
und ihrer Wächter Aug, ins Allertiefste sehn,
auf daß nicht wo, der Himmelsschmeichler, einer,
komm' unser Unglück auszuspäh'n,
und frohe Mähr', in seine Heimath bringe.

Lucifer.

Eh' jener Schwefelpfuhl, dreymalen ebbt und fluttet,
(Ach muß ich dann die Zeit, nach unserm Unglück messen?)
so bin ich wieder hier.   (Mein Sinn betrügt mich nicht)
und werde dort hinauf mein höllisch Pflanzvolk leiten.

Die

Die Vorsorg heiß ich gut. Doch wo die Zeit es giebt,
so suchet euern Harm, wo ganz nicht, zu vergessen,
doch ihn durch Tänze, Spiel' und Lustbarkeit,
und wie es sonst, dieß schnöde Land erlaubt,
In Wald und Feld bestmöglichst zu zerstreuen.

(Indem die Obersten der höllischen Geister zu Rathe
sitzen, mögen Belustigungen der Teufel, Narre-
theidungen, seltsame Tänze und Stellungen und
dergleichen vorgestellet werden, welchem zum Be-
schlusse dieses Aufzuges ein Gesang über ihren
Fall, über ihre Tapferkeit die ihnen den Sieg
verdient hätte, was sie würden gethan haben so
der Gewinn auf ihre Seite gefallen wäre, und
anders dergleichen Zeug, großsprecherisch aufge-
setzt, folgen könnte.)

Der zweyte Aufzug.

(Die Schaubühne stellt ein angenehme Landge-
gend vor.)

Adam allein

in dem er aufsteht. Er liegt als neuerschaffen auf einem Bette
von Moos und Blumen, an einem grossen Felsenstücke.

Was bin Ich? und woher?
　　Dann, daß ich bin, dieß weiß ich weil ich denke.
Woher ich aber kam, und wie dieß mein Gemächt
begann zu seyn? wer anders wird michs lehren?

Ich

Ich seh' und rege mich, begreife, schließ und rede;
doch ob ich schon nun bin, so war ich doch nicht immer,
dann das von dem ich bin, mußt eh'nder seyn als ich.

Dieß Wesen ehr' ich, als den Ursprung meines Seyns.
Wie zierdevoll, ist alles was ich sehe,
durch alle seine Theil'! es scheint so neu als schön.
O gütlich angebrachtes Werk! O GOttes Kraft!
Von dir bin ich, und was ich bin ist dein.

Raphael
kömmt aus einer Wolke hinunder.

Du erstes Menschenkind, erschaffner Herr der Welt!
In dessen fruchtbar'n Landen,
ein ungebohr'n Geschlecht verborgen liegt.
Du schlossest wohl.   Dann Nichts ist von sich selbst,
als nur das ewige, unendlich' einzele,
das keinen Anfang nahm, und nimmer enden kann.
Von Ihm hängt alles Seyn, und dessen Ursprung ab.

Zum ersten Wir, die wir von dessen Bilde
den meisten Theil erlangt, und dieser Nichts als Geist,
rein und unsterblich machte.

Zu nächst uns kömmt der Mensch; und sein erhöhter
Stamm
Muß deren Platz ergänzen,
die durch den Fall, das Himmelreich verwirkt.

Adam.

Adam.

Erlauchter Himmelsboth! an mich herabgesandt
da ich, zu wissen und zu denken, kaum beginne.
Wenn diese, aus dem Segen konnten fallen,
die ihres Schöpfers Sinn,
durch näh're Gegenwart, selbst an Ihm sah'n und wußten;
Was Hofnung bleibet mir, der so entfernet ist,
Ihm treu zu seyn, und nicht unwissend irr zu geh'n?

Raphael.

Es prägt der Ewige, in aller Menschen Herzen,
an seines Bildes Stelle, das Naturgesetz.
Dieß lehret uns, des Himmels Majestät verehren.
Im Lob und im Gebeth, liegt alle Gottesfurcht: †
Dein Stamm und Du, thut so, so werd't Ihr selig.

Adam.

Du nennst mir einen Stamm, der aus mir werden soll, ††
doch meine ganze Art, seh' ich noch in mir selbsten.

Nur

---

† Der Gottesdienst ist kurz, thu recht und beth ihn an,
   glückselig wirst du seyn, und deine Enkelschaft,
   so Ihr nur dieses thut.

†† Du nennest ein Geschlecht, das aus mir kommen soll,
   doch diese Abkunft liegt ja nur in mir verstecket,
   in einem unfruchtbar'n, und einzeln todten Leibe,
   der voll von Bildern ist, und sie nicht äussern kann.

Da

Nur bin ich ein Geschlecht des einzeln,
sich unnütz, und nicht fruchtbar ist.
Zwar Bildervoll; allein die es nicht äussern kann.
Indessen seh' ich doch, die Thiere und die Vögel,
bis auf den Wurm, dieß schlechte Ding das kriecht,
den Arten nach verschieden, paarweis gehn.
Das Männlein kennt sein Paar, das Weiblein seinen Buhler.

Raphael.

Gedenke nur die Macht, die also dich erschuf,
werd' ungezweifelt auch, dich fortzupflanzen wissen.
Indessen leb', in dir beglückt, allein,
gleich jenem der allein, des Himmels Thron erfüllet.
Durchbring die Zeit, in Forschung der Natur.
Vollkomm'ne Lust, ist Unschuld und Erkenntnis.

Adam.

Wär's gut allein zu seyn, so schüfe der Allweise
nicht sich zu Lieb, besondere Geschöpf'.
Ich thue nichts zu der Macht, die Er zuvor schon hatte;
Nur seine Güte dähnt sich aus, daß Er mich schuf.
Der alles kann, will doch nicht einzeln seyn;
Nein Er bevölkerte, des Himmels Höh'n mit Engeln,
und durch den Menschen, diesen Erdenkrayß.

Raphael.

Da ich doch neben mir, die Thiere und die Vögel,
bis auf den schlechten Wurm, gegattet sehe gehn:
Das Weiblein kennt sein Paar, das Männlein seine Freun=
dinn.

Raphael.

Was Engel und der Mensch der Gottheit sind,
das sind dir auch die niedrigern Geschöpfe.
Des Himmels Majestät, kann nicht Gesellschaft leiden.
Nur Knechte schuff er sich. Die mangeln dir auch nicht.

Adam.

Warum dann schuff er mir die Seele mit Verstand,
und wirkt dadurch in mir die Sprache?
Den Stummen redt man ja umsonst,
auch tauget mein Verstand bey dummen Viehern nichts.
Gesellschaft halten, und sich lieben,
bringt diesen Knechten gröss're Lust,
als meine Macht, mir ihrem König bringt.

Raphael.

So ferne! nur um dich zu prüfen.
Der Himmel aber weiß's, allein wie du, zu seyn,
sey für den Menschen nicht.

Zum süssen Zeitvertreib, und deinen Geist zu zähmen,
ist dir was zugedacht, dir gleich, doch unterthan.
Dein stärkrer Geist, soll ihren Schwachsinn leiten,
und ihrer Schönheit wirst du gern gehorsam seyn.
Sie hülflos sollst du denn, vor Ungemach bewahren,
und sie durch ihren Reiz, versüsse deine Sorg.

Adam.

Was kann der Himmel mehr, was kann ich mehr begehren?
　　　　　　B　　　　　　　　Raphael.

Raphael.

Ja mehr kann Er, als du begehren kannst.
Ein Ort ist dir bestimmt, der diesen übertrift,
des Himmels eigner Sorge würdig;
Nicht aus gemeiner Erd'; und Früchte und der Flor,
nicht von gemeinem Wuchs.
Nein, er vergleicht sich eines Himmels Garten,
wo stäts der geile Grund, wie Götterfrüchte treibt,
und an dem grünen Zweig, vergüldte Aepfel glänzen.
Der Saft der purpurfärb'gen Trauben
löst sich in einem Nektar auf.
Und dicht und grün bewachsne Sommerlauben
beschirmen vor des Nachmittages Hitz.
Und abends schöpft man auf erhabnen Söllern
(indem das Aug erstaunt) die kühle Dämm'rungsluft.
Nun steig hinan, und währ'nd in dem Gehen,
wirst du noch gröss're Wunder sehen.

Adam.

Indessen mag die Erd' und auch der Himmel droben
des grossen Schöpfers Macht, und gröss're Liebe loben.

(Sie steigen unter einer sanften Music hinan,
die Schaubühne ändert sich, und stellet ostwerts am Himmel eine prächtig aufgehende
Sonne vor, die sich in ihrem Kreys drehe. In
einer beträchtlichen Entfernung darunter steht
der Mond Sonnenwerts beleuchtet, und an-
derseits dunkel. Gegen Nordwest erscheinet
ein schwarzes Gewölf, und nahet sich langsam,

sam, in einem Wirbel dahin wallend.   Dieser führt den Lucifer mit.   Bey dessen An-
näherung verdunkelt sich die Sonne, u. s f.)

Lucifer allein.

So bin ich denn, so ungeheuer geworden?
so ungestalt, daß selber die Natur,
mich nicht vertragen kann, und ihr Gesicht verbirgt...
Da stehet sie bestürzt, und dieß sonst helle Licht,
das diesen neuerschafnen Kreys vergüldet,
entstrahlet sich, und schrumpft sich in sich selbst...

Verfluchter Ehrendurst! und du erschwarztes Reich
der leydgen untern Welt! Was kömmst du mich zu stehn?
Doch es ist nun gethan.   Ich gieng bereits zu weit,
um wieder abzustehn.

Nur muß ich meine bitt're Rach' anstrengen,
dieß grosse Werk, und den gehäss'gen Nebenbuhler,
der mir zur Schmache lebt, zu stürzen.

Zurück denn Stolz! und schwülstige Gedanken!
Daß ich ein Teufel bin, muß nun vergessen seyn,
und ich mich eine Weil als unterthänig stellen.
Vergebens hätt ich sonst, das Chaos und die Nacht
durchwandert, um dadurch, dieß mißgegönnte Reich
uns zu entdecken.

Doch, seh' ich recht? rollt nicht ein Wagen dort?
Er flammt und strahlt, und bringt den Uriel,

der Siebenfürsten einen,
die vor des Ew'gen Throne stehn.
Ich kenne sein verhaßtes Angesicht,
und wie es scheint, regiert Er dieses prächt'ge Licht.

（Von der Sonnen Seiten entdecket sich ein lichter
Wagen, von weissen Pferden gezogen, darinnen Uriel, der Sonnen Regent, daher fährt.
Er geht schnell auf Lucifer zu, und je nach
seinem Nandhern, erlangt die Sonne nach und
nach ihren Glanz wieder.)

Uriel.

Wer bist du Geist? woher? dann mich erinnerts nicht,
im Himmel dich geseh'n zu haben.
Ists aus Befehl? ist nur dein eig'ner Will?
Du wandertest vielleicht, in diesem Strahlenkreys
und seines Lichtgefieldes Glanz, verirrte dein Gesicht.
Dieß neue Schöpfungswerk ist dir noch unbekannt,
drum hast du einen Führer nöthig.

Lucifer.

Erlauchter Uriel! der Siebenfürsten Fürst!
Du flammender Seraph! der diesen neuen Ball,
des Wunderlichts bewachet.
Du Auge dieses Augs der Welt!
Das Ansehn deines Amts, und deine Gunst bey Ihm,
thut dich den Himmeln kund.
Ich aber der ich kaum, ein schlechter Cherub heisse
vom niedern Rang, bin nur aus Neugierd hier,

vielleicht

vielleicht fast allzubreist, so du erlauben willst,
was Hohes zu entdecken.

Uriel.

Sag an, was hast du vor?

Lucifer.

Ein neues Laufgerücht, von Engeln ausgestreut,
das nächst dem Thron, des hohen Himmelskönigs,
die neue Welt betreffend durchaus geht:
Das trieb mich an. Ich kams nur anzusehen,
um, (bin ich dessen wehrt) auch diese letzte Frucht
der Macht, des grossen Schöpfers zu bewundern.

Denn bring ich meinen neubegier'gen Freunden,
dieß Werk, mit Freud erfüllt, als etwas neues mit,
und frischen Stoff zurück, ihm Lob und Preis zu singen.

Uriel.

Ich finde, lichter Geist! in deiner Sache keinen Tadel,
und du selbst, bist mir auch nicht unwillkommen.
Sieh unter jener Sphär, da schwebt der neue Ball,
mit Erd' und Wasser untermischet,
ganz unbewegt auf seinem Mittelpunct.

Lucifer.

Wo aber wohnt der Mensch?

Uriel.

Auf jenem Berg.   Ihn ſchützt ein Klippenwerk,
und rund um deſſen Steig, was Schauplatz gleich von Bäu-
     men.
Ein waldicht Scenenwerk, das Stufenweis erhöh't,
nicht durch zu volle Ausſicht blendt:
Nein Stückweis nur, gar auf das Ganze leitet.
Da wohnet Er, da fliege hin.

Lucifer.

Dank dir, Geſegneter! daß du mir ſo geringen,
dein Ohr gelehnt, und meine Bitt gewährt.
Heil zu! und lebe wohl.

(Er fleugt unter ſich, und aus dem Geſichte.)

Uriel.

Du gehſt nicht unbemerkt,
ſey wer du willſt.   Ein Geiſt den was geheiligts treibt,
ſey einer der vom Fall, dort unten losgebrochen,
und in verfluchtem Zweck, und als ein neid'ſches Aug,
kömmt dieſe Welt, und ihren Herren auszuſpuren.
Hier wach' ich dir, ſo lang mein Kreys ſich dreht,
und werde, deine mir verdächt'ge Flucht verfolgen.
Und dich, kenn' ich dich einſt, mit Strahl von Licht durchfahren.

(Der Schauplatz ſtellt im Vorgrunde ein Paradies vo , beſchnittene Gänge von Bäumen
und Laubwerk, und verſchiedene Früchte daran; in der Mitte ein klarer Brunn, und Waſ-
ſerbecken: In der Entfernung endet es ſich.
nach

nach der Gesichtsverlierung, mit Gebüschen,
Gefielden, Alleen. u. f. f.)

Adam.

Wenn dieses träumen heißt, so will ich nicht mehr wachen,
und schlafe fort so süß.　Mich deuchte, daß....
Doch, warum hemm ich meine Seligkeit,
und überdenke was ich dachte?

　　Ach bleib, o schönstes Bild! du meine beff're Helft!
O du mein zärtrer Theil! dem ich die Einzelmacht
(so stolz ich war) schon überlasse.
Dann eh du warst, sucht' ich, und fand mich nicht.

　　　　　　　　　　(Er trittet ab.)

　　Eva neuerschaffen tritt auf.

Erzählet Berg und Thal, und du o strahlend Licht!
Das ich dort oben sehe,
wie ward Ich? ... Was bin Ich? Ich sehe nichts wie Ich.
Von jedem Baume sieht, das rege Federvolk
erstaunet gegen mir hinunter.
Das Vieh wirft seine Augen auf,
vergißt sich selbst, und starrt mich wundernd an
als wär' ich was, dem man gehorchen muß.
Gewißlich bin ich was, das sie auch möchten seyn,
und doch nicht können.
Ich werde stolz auf mich.

　　　　　　　(Sie sieht in den Brunnen.)

　　　　　B 4　　　　　. . . und

. . . . und was ist dieß, da drunten?
Welt ausgedähnt, ein ander Firmament,
und andre niedlich geh'nde Bäume . . .
Nun siehet gar, ein Antlitz gegen mir,
Nun nähert's sich, und lächelt, als erfreut
mich hier zu seh'n. So ich ihm näher komme,
so kömmt es auch. Es scheint, es äfft mir alles nach.
Geh ich zu sprechen an, so regt es auch die Lippen,
und wo die Flutt die Worte nicht ertränkte,
so spräch's es liebe mich.

(Sie will das Bild umarmen.)

. . . . doch greift mans an, ist's weg
bevor mans hält. Je näh'r, je weiter ist's.

O falsche zum Betrug gemachte Schöne!
Von aussen scheinend gut, von innen Falschheit voll.

Adam kömmt herein.

Du reine Magd!
Der Mann gebahr, der Himmel zeugte dich;
Du deines Schöpfers schönstes Werk!
Dich, Göttinn! ordnet' Er, den Erdball zu regieren,
als seine zärtlich're Nachköniginn.
Und im Triumph muß die Natur nachfolgen,
wo nur dein schöner Fuß hintritt.
Die Engel sehn erfreut, dein unvergleichlich Wesen,
und lieben ihres Schöpfers Bild,
in deinem holden Angesichte.

Eva.

Eva.

O einzig's das mir gleicht, dann sonst nichts kömmt mir hier,
so angenehm, so majestätisch vor.
Bist etwann du das Bild,
das meine lüstern Augen sahen,
und aus dem Brunnen zu mir kömmt?
Doch nein, du bist es nicht: dein Antlitz gleicht ihm nicht,
und deiner Glieder Form, ist nicht so zart gebildet.
Ernsthafter siehst du aus,
und heftiger bewegst du dich.
Du prägst mehr Ehrfurcht ein, und zeigest minder Liebe.
Jedoch gefällt es mir voraus, dich anzuhören,
und schätz und lieb ich dich, nach mir vor allem aus.

Adam.

Gern bin ich dir, (gemacht zur Herrschaft) unterthänig,
und lege schon die Herrschaft vor dir hin.
Ach nimm die Liebe an, die deine Schönheit zeuget.
Was ich mehr wünschen soll, weiß ich zur Zeit noch nicht.
Indessen lasset uns umarmt geschlossen seyn.
Dadurch vielleicht, lehr' ich mich selbst und dich.

Eva.

Es hält mich was zurück, ich weiß es nicht zu nennen:
Unschuldig wie ich bin, weiß ich vom Schämen nichts.
Doch ein einhaltender Gedanken,
sagt mir, warum? ich weiß es nicht,
daß du lang bitten sollst, ich lang verweigern müsse.

B f   Adam.

Adam.

Umſonſt! mein Recht zu dir, iſt droben ſchon befeſtigt.
Sieh rund um dich; auf wen, kann deine Neigung ſehn?
Kein anderes Geſchöpf, das deiner würdig wäre,
und ungepaaret iſt. Du einzig bliebſt für mich.
Und iſt es nicht der Liebe wegen,
ſo ſind wir zwey umſonſt gemacht.
Ich gäbe bald die neue Herrſchaft auf
und tauſchte meinen edlern Geiſt,
mit dieſen dummen Sklaven ihrem,
die, ob ſie ſchon vernunftlos ſind,
Doch mehr als ich, Vergnügen finden.

Mich deucht, ſie beten ſelbſt für mich,
und flehn ſtillſchweigend deine Gnade,
und merken nur, auf deiner Augen Wink.

Eva.

Ich ſehe vor, wenn ich dir deinen Wunſch gewährte,
ſo wäre die beliebte Herrſchaft hin.
Und würde dann, wie ich, noch eine wo erſchaffen,
ſo möcht' ihr neuer Reiz, dein Herz wohl an ſich zieh'n.

Adam.

Könnt auch der Himmel ſelbſt, ein gröſſer Meiſterſtück er-
denken,
Mit aller Pracht, der Wolken ausgeſchmückt,
ſo ſpräch' er doch umſonſt, mir dieſe Schönheit zu,
gäb' Er mir nicht, zugleich ein ander Herz.

Eva.

Eva.

O wie leicht glaub' ich, da ich liebe,
nur wünscht' ich würdiger zu seyn.

Hier dann, verpflicht' ich dir, auf ewig meine Treu',
und bleibe deine Luft, du, werde mein Beschützer.

Der dritte Aufzug.

Der Schauplatz stellt das Paradies vor.

Lucifer allein.

O wunderschöner Platz! doch gegen dem Gefielde nicht,
      da ich am nächsten saß, und fast dem Höchsten glich.
Ich zweifelte, wenn ich uns maß,
wer von uns beyden stärker wäre.
Und da ich gern, der Zeiten Dauer vergaß,
gedacht ich kaum daß ich erschaffen bin.

Mich trieb nach Einem Reich, ein eiteles Verlangen,
in den Gedanken immer höher,
noch über sein geweihtes Haupt zu gehn.

Ach! warum war ich doch, da Er so liebreich ist,
so undankvoll? Er überhäufte mich,
mit unverdroßner Huld. Ich stund in freyer Gnad,
und wars nur meine Pflicht, es dankbar zu erkennen.

Geringer

Geringer Zoll! wer ihn zu geben denkt!
Nunmehr bereu ich es:
Doch schick ich mich, so wenig zu der Buß
als Er, der meinen Neid durchkennt,
auf seine Macht, die wir in Zweifel zogen, eifrig,
was nachzugeben willig ist.
Hin Hofnung! hin! und mit der Hofnung Furcht!
Es giebt kein Abgrund mehr, noch tiefer als die Hölle.

Ja ... Unheil! sey hinfort mein höchstes Gut.
Und ungeheurer Tod, werd meiner Bosheit Speise.
So theil ich doch das Reich mit Ihm.
Und glückt es mir, den Menschen zu verführen,
so ist sein Vorsatz hin, und fast in einem Nun,
zerstör' ich, seine Sechstagarbeit.

Allein, zurück! Sie sind schon wiedrum da.
Adam und Eva.

Adam.

So sollen wir, in vollem Segen leben?
Und frey vom Tod, unzählche Enkel sehn
du, jung und reizend schön, mir neue Lust zu geben
und beym Besitz, soll ich stäts lüsternd seyn?

Eva.

Des guten Himmels Held, der uns die Liebe gab,
kann mehr nicht thun, als, so, uns zu erhalten.
Du aber kannst an mir noch größre Lust ersehn,
auch grössern Stolz, da ich nun deine Wohllust werde.

Adam.

Adam.

Da du, als reine Magd, mir in die Aerme fielst,
sang uns der Geister Chor, ein englisch Hochzeitlied.
Des Ew'gen Wink, erschütterte die Himmel,
und die Natur wußt's auch, und stimmte frölich bey.
Die Rosen, ungemahnt, und aller Balsamflor,
verliessen flugs den Stock, dein Brautbett zu bestreuen.
Das Pelz- und Federvolk, gieng dem Triumphe nach,
ja selbst der Fische Heer, sprang in den Ströhmen auf,
dieß Lustgepräng, beym Durchgehn zu bewundern.

Eva.

Und als dein zärtlich Aug, sanftschmachtend auf mich sah'
und dein gebogner Arm, mich sehnend an dich drückte,
so fühlte ich zuerst, durchweg an mir
ein zweifelhaftes Zittern.
Denn wünscht' ich was.   Doch was? das wußt ich nicht.
Nur spührt ich eine mir noch unbekannte Wärme.
Was folgte, war Entzückung und Zergehn:
Sprachlose Lust! unsterbliches Vergnügen!
Ein ungewöhnter Reiz, mir seltener Ideen,
umbanzten mir mein schwimmend Aug,
in deren sanfter Unruh' ich gewiegt
den Odem und mein neues Seyn,
fast in der Lust verloren dachte.

Lucifer

Lucifer beyseits.

Dieß anzuhören ist der Tod.
Die Erde wird mir mehr als eine Hölle.
O! welch unsinniges Verthun,
Auf diese leimerne Geburth!
Ein Abgrund voller Lust! als wollt der Himmel weisen,
was solche Hand, auf schlechten Stoff mag thun.

Doch sind vielleicht desselben Kräfte hin,
und kann er das vermißte Vorrathsheer
mit Engeln nun nicht mehr ersetzen:
Und da sein Hochsinn dort, an Knechten Mangel hat,
so wendt er seine schlechte Kunst
an dieses Puppenwerk hieunten.

Eva.

Hier haben wir gesegnet in uns selbst,
Vergnügens satt.　Ohn unsern Fleiß sehn wir
das ungebaute Land, von selbst fruchtbringend seyn.
Der kriechende Jasmin, umzieht die Sommerlaube
mit lieblichem Geruch, und Pracht des schönsten Flors.
Orangen, Mirten, Birn, die süsse Purpurrose,
und anders, schliessen uns, beschwerte Knospen auf,
so trächtig und so dicht, daß jeder vom Geruche,
der aus dem andern haucht, stolz aufzuschwellen scheint.
Denn kömmt der Guara, Pein, der Pfirsching und der
Weinstock,
der taumelnd sich um jene spinnt,
und um sich her, unzählich Kolben hängt.

Adam.

Adam.

Und zwar für uns allein, verschwendet die Natur,
was sie nur hat, von Trefflichkeiten.
Da sich Geruch, Geschmack, und alles emsigst weis't,
uns unsre Sinnlichkeit, so niedlich zu bewirthen.

Nur eine Frucht, verboth er uns mit Ernst.
(Der Baum steht in des Gartens Mitte.)
Der Tod ist uns gedroht, wo wir dawider thun.
So will Er uns, ob wir gehorchen, prüfen,
und heißt ihn der Erkenntniß-Baum.

Eva.

Ganz sicher ist der Tod, ein Uebel das wir beyde,
so unbekannt es uns, doch weil Er damit droht,
uns dennoch groß einbilden müssen.
Und wahrlich der verdient den Tod,
der dieses einzele Geboth
und ein so leichtes brechen dörfte.

Lucifer beyseits.

So sterben sie, wenn sie nach Wissen trachten?
Er fürchtet ihren Fall, und hält sie darum kurz:
Auf diesen Grund nun, bau ich ihren Sturz.
Die Wissenslust, wird sie zum Ungehorsam reizen.
So fiel auch ich; und da sie schwächer sind,
muß ja der gleiche Grund, noch eher auf sie wirken.

Adam.

Adam.

Die Morgenstund, mein Schatz! ruft uns, was anzufangen,
so ruhig man auch lebt, ist doch die Arbeit gut.
Bey uns ist sie nicht groß,
nur hie und da, die Schosse abzuzwicken,
die sich, in geilem Wuchs, durch diese Gänge ziehn,
und uns am Durchgehn hindern.
Dieß ist ein Zeitvertreib, mehr will der Himmel nicht.

Eva.

Mit dir zu seyn, ist schon ein Paradies
und ohne dich ist keins. Drum wette ich,
wir werden diesen Tag, nur wenig Arbeit fürdern.
Das Küssen, grösten Theils, wird unser Tagwerk seyn.

(Sie gehen ab.)

Lucifer allein.

O warum hab ich nicht, gleich diesen einen Leib,
zur Wohllust deren sie geniessen aufgelegt?
Man würde durch das Werk der Liebe,
bald sie bald mich entflammt, bald abgekühlet sehn.

Ich hasse sie nicht gern, sie ist ein Meisterstück,
auch hat sie mich, noch nicht beleidigt.
Doch will ich nun, durch sie, den Schimpf am Himmel rä-
chen,
der mir mein angebohren Recht,
an seine Klarheit weggedonnert.

Nun

Nun fahre wohl, beglücktes Paar!
So wirst du kaum, den zweyten Tag erleben.

(Er geht auch ab.)

Gabriel und Ithuriel auf einer lichten Wolke
hinunter fahrend.

Gabriel.

Die neuerschafnen zwey, sind uns nun anbefohlen
laßt uns aufmerksam seyn. Die Nacht bricht wirklich an,
und setzen schon, die grauen Abendnebel,
der niedergeh'nden Sonne zu.

Ithuriel.

Glückseliges Loos, der wachbarn Dienstbarkeit!
Wir wissen unsre Pflicht, auf daß nicht irgend wo,
ein Geist, der drunten, aus dem Abgrund losgebrochen,
im Schlafe, (wo nicht gar, ihr Wesen zu begwaltigen,
doch an der Ruhe) sie zu stören unterfange.

(Uriel von der Sonne zu ihnen
herabfahrend.)

Wo nun die Wacht bestellt, so sehe euch sorgsamst vor.
Ein Geist, und wie es schien, ein lichter guter Geist:
Jung; dem Gesichte nach, ein himmlischer Cherub,
kam heute früh zu mir, und fragte alles aus..
Wie? oder wo der Mensch, nun seine Wohnung hätte?
Und schien's als eifert' er für seines Schöpfers Macht.
Allein mein wachend Aug, belauschte seinen Flug.

C   Nach

Nach jenem steilen Berg, sah ich ihn eilends treiben
da legte er, vermeyntlich ungesehn,
die angeborgte Maske ab,
und zog den Stolz, dagegen wieder an.
Ich merkte seinen Blick,
dem Himmel, und dem Guten abgeneigt.
Lang stund er da, erschwärzt,
und sann was Düst'res aus, an jener Tiefe steh'nd.
In Eil schoß er denn fort,
und übersprang den Wall des Paradieses,
der edlen Stellung nach, des Himmels Fürsten gleich.
Genug (er lauert vielleicht in Argsinn auf die Nacht)
durchsuchet alles wohl, die Grotten, das Gesträuche,
und jede Form, auf daß der Heuchelgeist
so er sich wo versteckt, euch schalkhaft nicht entgehe.

Gabriel.

Wenn um uns auszuspähen,
Ein Höllengeist, uns wollte hintergehen,
welch irdisch Schanzwerk wird ihn schützen?
Drum sorge nicht: von beyden eins,
gebunden, oder doch, verbannet soll er werden.

Ithuriel.

Du gehest Osten zu, ich wende mich nach Westen.
Hier ist der Ort, da wir uns wieder sehn.

Uriel.

Uriel.

Heyl zu! und achtet eurer Pflichten.
mich ruft die meine anderwerts.

(Sie scheiden von einander. Der Schauplatz
stellet ein Rachestück vor.)

Lucifer allein.

Wohlan! da liegen sie, ganz unbesorgt im Lieben,
und ziehn der satten Sinnen Lust,
in vollem Schlaf, und vollen Zügen, ein.
Wie aber komm ich nun, denselben sicher bey?
Nicht mit Gewalt. Er machte sie unsterblich.
Dieß will ich thun. Da ihr Verstand nun schläft,
und doch die Bildungskraft, sie öft als ob sie wachten
und an der Wahrheit statt,
sie sehn und hören macht, was sie noch sehn noch hören,
und also, mißgefügte wilde Bilder schafft,
da die Gedanken unbeherrscht,
der Seel ein Chaos sind; so mögen wohl daraus
unschickliche, verwirrte Träum' entstehen.

Die mahl ich denn, dem Weibe vor,
dem mir zum Theil erschaffenen Geschöpfe.
Denn dieses zärtere Geschlecht,
berückt ein eitler Schein, ein blinkend Puppenwerk.

(Es wird ein Traumgesicht vorgestellet, wo
ein mit Früchten beladner Baum erscheinet. Vier Engel halten einen Himmel
über den Baum. Um den Baum tanzen

gräßliche

gräßliche Geiſter.   Endlich weiſet ſich ein
Weib nebſt einem Engel.)

Der Engel.

Sieh auf! ſieh auf! betrachte,
was dir der Himmel ſchafft.
Betrachte dieſe ſchöne Frucht,
ſie lacht dich lieblich an,
und pranget reich mit güldnen Streimen.

Das Weib.

Nein, mir iſt ſie verbothen
ich ſtürbe, wenn ich dß.

Der Engel

Und wer verboth es dir?

Das Weib.

Der Himmel und wer will,
dem Himmel widerſtehn?

Der Engel.

Warum iſts denn ſo ſchön? Warum wirds dargebothen?
Der Himmel iſt zu gut, den Menſchen zu beneiden.
Dann ſieh nur ſelber zu.   Wir wollens vor dir koſten,
was dir ſo furchtbar ſcheint, und ſterben dennoch nicht.

(Etliche garſtige Geiſter eſſen davon und werden verſchönert.)

Der

Der Engel singt fort.

Bemerkt die Verändrung, wie plötzlich sie kam;
wie glorreich, wie zierlich, wie prächtig sie worden!
Aus garstigen Geistern, steh'n Gottheiten da.
Sie dörfen, geflügelt, schon himmelwerts steigen.

Der Engel giebt auch dem Weibe. Sie ißt, und jener singt fort,

Und bis sie an Ehre demselbigen gleichen
der in dem Gestirne, dort droben gebeuth.
Iß auch ohne Furcht, werde glücklich und weise.

Das Weib.

Itzo erst glaub' ich, und fühl' eine Lust,
sie öffnet die Augen, belebet die Brust.
Nur reut es mich am meisten,
daß ichs nicht eh'nder that.

Der Engel.

Nun lernt dich erst, die Klugheit der Erfahrung
was es für eine Thorheit ist,
aus Furcht ein Glück zu fliehn.

Was uns verbothen ist, verlangen wir begierig
Es steigert seinen Werth, und nähret unsre Brust.

(Die Traumbilder gehen ab.)

E 3   Lucifer

Lucifer bleibt, und Gabriel und Ithuriel
bezegnen ihm.

Gabriel.

Wer bist du Geist? Was hast du vor? Dein Name?
Warum allein? wer sandte dich hieher?
Gewiß du bist kein Himmelsbothe;
dein blasser Blick, und dein erstorbner Glanz,
und deine dieses Lichts, so ungewöhnten Augen,
verrathen dich.

Lucifer.

Du selbst wirst unbekannt, da du mich nicht willst kennen.
Ich weiß die Zeit, da ich zu nächst des höchsten Thron
verkläret und gefürcht, fast angebethet saß,
indeß da andre deines gleichen,
sich bey der untern Schaar', entfernt, als Knechte beugten.

Gabriel.

Gedenkst du? eitler Geist! du seyst noch, was zuvor.
Und merkst nicht daß der Fall, dein GOttgleichbild verdun-
kelt?
Dein undankvoller Stolz, macht dich bey mir bekannt,
und weiset, was dein falscher Blick verbarg.
Abtrünniger, von dem, der dich so sehr erhöhte.
Und Thor! die Macht, die dich erschuf, zu schmäh'n.

Lucifer.

Ja, Knechte! schmieget euch, und schmeichelt immer fort,
und suchet Dank bey dem, für dessen Zank ihr kämpfet.

Arm-

Armſel'ge Sklavenart! auf eure Knechtſchaft ſtolz,
behauptet euern Platz, mit Niederträchtigkeit,
den ich mit Großmuth miſſe.

Ithuriel

Die Freyheit hat die Wahl, zu laſſen und zu thun:
So tadle dann, ſo freye Knechte nicht.
Nur der iſt niederträchtig,
der nicht erkennt, was er doch ſchuldig iſt.

Lucifer.

Der Dank, wie man ihn immer ſchuldig iſt,
zeigt Unterthänigkeit. Nur ſtritt ich um die Macht,
der aufgedrungnen Schuld, wie billig, los zu werden.

Vergebens hoft, wer bey uns Dank verhoft.
Und der iſt wunderklein, der unſers Lobs bedürfte.

Gabriel.

Was wir ihm ſchuldig ſind, zeigt an ihm kein Bedürfniß,
der, ſchon in ſich, höchſt ſelig iſt.
Und unſre guten Werk', erhöh'n ſein Weſen nicht.
Noch kann ſein ew'ger Ruhm, durch unſre Bosheit leiden.
Er ſchuff uns zwar für ſich; doch alſo ſchuff er uns,
daß wir was er befiehlt, aus freyer Wahle thun,
und unſer Dienſt dadurch, ſo viel vollkommner wird.
Ja du auch fieleſt frey, wie wir frey ſelig blieben.

Ithuriel

Ithuriel.

Der Antwort ist genug. Nun frägt sich dieses nicht.
Nur dieß. Wie dorftest du, der Höllen Marchen brechen?
Und liegest diesem Paar, so frech im Hinterhalt?

Lucifer.

Wer lebt, und würde nicht, sich eine Straß erzwingen
um sich, statt Pein Bequemlichkeit,
und für die düstre Nacht, das Taglicht zu verschaffen.
Wars mir, da ich den Weg, herauszukommen, fand
den Schwefeldampf,
für reine obre Luft zu tauschen, unerlaubet?

Als im Gefecht, ich euern Donn'rer trug,
und nur auf mich sein halbes Werkzeug schlug,
gedachtest du, die Wunden waren leicht?
und dorft ich nicht, den Rus von mir zu thun,
mir einen sanftern Weltstrich wählen,
und an der Sonn' erwärmt, und durchgestrahlt,
mich an den sanften Winden bleichen?

Gabriel.

Wars blos, der Pein zu fliehn, warum begehrte nicht,
auch deine Brüderschaft, die gleiche Bahn zu suchen?
Fühlst du als Herr, mehr Schmerz, denn deine Knechte?
Wie? oder bist du feiger ihn zu tragen?

Lucifer.

Von beyden keins: Nur wie ein Führer soll
wagt' ich zuerst allein, und suchte die Gefahre.

Zuerst

Zuerst auch späh'te ich, dieß neuerschaffne aus,
das unsern düstern Strich, durch das Gerücht erfüllte.
Ich hoffte hier, mein mattes Volk zu setzen,
und diese Handvoll Lands,
auch wider euern Donn'rer, zu behaupten.

Ja könnt es seyn, auch aus der mittlern Luft,
bis an der Himmel Thor, in unserm Trotz zu streifen.

Ithuriel.

Ja, hoffe fort, Unsinniger!
Was wider den zu thun, zuwider den du ja
dein erstes Feld, nicht einst behaupten konntest.

Gabriel.

Es sey nun wie es will;
und daß du ihnen gar, auf Tod und Leben gehest,
so packe dich! und räume dieses Feld!
Das Land ist heilig. Packe dich!

Lucifer.

Ich meide das Gefecht: doch nicht aus schnöder Furcht.
Ich streite nur mit dem (dann Ihr! was seyd ihr mir?)
Von dem Ihr, eingeschränkt, und Eure Macht abhängt,
Der Sender bringet Ruhm, nicht der gesandte Knecht.

Doch hab ich meinen Zweck, in so weit schon erreichet,
und fliehe diesen Ort, der meine Pein vermehrt
und ohne Hofnungsschein, nur meine Sehnsucht nährt.

E 5   Der

Der vierte Aufzug.

Der Schauplatz ist fort das Paradies.

Adam und Eva.

Adam.

Der Traum war fremd, und voller bösen Zeichen
O Himmel! wend ihn ab, wenn er vom Himmel
kömmt.
Die böse Deutung fall' auf deine stolze Feinde,
uns aber werde gut, und gnädig wenn wir flehn.

Eva.

Sieh dort erscheinet uns, ein berstendes Gewölk
da eine rasche Schaar, und rege Krieger wimmeln.
Ihr Glanz durchblitzt, und schwächt mir alle Sinnlichkeit.
Du als der stärkere, magst diese Lichtsflutt tragen;
und da mein blödes Aug, indessen sich erhölt
und Schatten sucht, so geh, der Herrlichkeit entgegen.

(Die Wolke fährt daher, und Gabriel und Raphael kommen zu dem Adam, und die andern Engel bleiben in der Entfernung.

Raphael, Gabriel, Adam.

Raphael.

Du erster Mensch! daß uns der Himmel sendt,
zeigt seine Vorsorg' an, vor Unglück euch zu schützen.

Der

Der abgefall'ne kam, bey später Nacht zu euch.
Und lispelte, in deiner Gattin Ohr
indem sie schlief, ein falsches Traumgesicht.
Drum leite sie, und beug der Sch.vachheit vor.

(Gabriel, auf den Schutzengel deutend.)

Und diese schützen dich, vor äusserlichem Harm.
Was Unheils, in dir steckt, muß die Vernunft bestreiten.

Adam.

Ihr Himmels-Söhn'! Ihr misset aus Erbärmde
für uns den Ort, da ew'ge Lust regiert.
Was wär' euch wohl, ein schwaches Lob von mir?
Ich bin zu klein, und kann nichts als gehorchen.

Raphael.

O lobe den allein, der deinen Willen frey
und dich uneingeschränkt, gleich einer Gottheit schuf.
Der die Vernunft, das Gute zu erwählen
das Böse nicht zu thun, zu deinem Heyl dir gab.
Gehorsam seyn, ist dieses Gute,
der Himmel fordert es. Der allgerechte Himmel
will nichts unmögliches von euch.
Dem Menschen gab Er Macht, das Gute zu vollbringen;
Er zwingt ihn nicht.

Gabriel.

Und was du Gutes hast, hast du von deinem Schöpfer.
Von dir erst, wo du gut verbleibst.

Adam.

Adam.

Die Willensfreyheit ist, das allertheuerste Gut.
Doch, kömmt sie wohl, dem schwachen Menschen zu?
Ich glaube nein. Was ein Geschöpf,
dem Schöpfer gleich, erhöht, kann Er nicht mit ihm theilen.

Raphael.

Die unbegrenzte Macht,
kann zwar der Himmel nicht weggeben.
Wohl aber euch, die ungebundne Wahl.
So nimmt ein jeder Stern, den Creyslauf seines Cirkels
nur von dem Erstbeweger her,
doch jeder hat für sich, besonders seinen Lauf.

Adam.

Gesetzt, Er habe uns, die freye Wahl gegeben;
bindt denn, sein ew'ger Schluß uns nicht?
Muß nicht geschehn, was er geordnet hat?
Sonst müst' Er ja, nach unsern Werken ordnen,
und könnten wir was Er beschloß
nach unsrer freyen Wahl abändern.

Gabriel.

Der Ewige, als er die Welt erschuff,
gab anderm wirkenden, ein stätes Nothgesetz,
und also muß es thun, was Er geschehn will haben,
(so wie das Leichte steigt, und das Gewichtge fällt)
den Menschen nur, erhöh't der Freyheitsstand.

Adam.

Adam.

Doch was freywillig wirkt,
wirkt wie es wirkt, gezwungen durch die Ursach.
Wer bleibt denn frey, und kann die Kette brechen,
die uns, dem Menschen, Schranken setzt?
Und wird nicht thun,
was unveränderlich, zuvorgeordnet ist?
Da immer doch, die erste Ursach,
die letzte in Bewegung bringt.

Raphael

Was ja geschehen muß, sieht wohl der Himmel vor;
Er sieht zuvor, was jede Ursach wirken muß.
Er machet nicht, nur findt er die Nothwendigkeit.
Die Schöpfung rührt von Macht: der Wille ist die Wir-
                          kung
das Vorhersehn, bringt des Allmächtigen Verstand.
Und daß er vorherweis, wirkt nicht, es setzet nur,
daß etwas werde seyn. Es zeigt das müssen seyn,
es macht es nicht.
So steht auch dir, das Gut und Böse frey,
die Ursach welche wirkt, zwingt deinen Willen nicht.

Adam.

Das Zwangwerk sehn wir nicht. Es bleibt entfernt. Gesetzt!
Doch hebet diese lange Kette,
Das Band, so uns doch bindet, nicht.
Man mag sich selbst wohl frey bedünken,
und was geschehen muß, für frey gewählt ansehn.

Gabriel

Gabriel.

Wer als der Mensch, ist seiner Freyheit Richter?

Adam.

Ich finde daß ich Haß und Liebe wählen kann:
gehorchen oder nicht; und gut und böse thun.
Doch diese Wahl ist nur Einwilligung nicht Wille.
Ich wähle nur, was er zuvor bestimmte,
da er vor meiner Wahl, schon meinen Willen band.

Gabriel.

Dergleichen Gottsvergeß'ne Träume,
beschuld'gen ihn,
daß er die Sündlichkeit zuvorgeordnet hat.

Adam.

O ferne seys. So denk ich keinesweges.
Ich fragte nur, mich besser zu belehren.
Heißt dieses frey, wenn was mich Freyheit deucht,
auf einer ersten Zwangursach sich gründet.
Es sey auch was es will, das mich zum Wählen bringt,
so muß es auch zugleich, zureichend seyn zu wirken,
und wenns zureichend ist, wirkts auch die That gewiß.
Nun denn, wie sind wir frey,
wenn uns, die Umständ', also zwingen?

Raphael.

Die Ursach, die zureichend heißt,
wirkt erst gewiß, so sie auf Dinge wirket.

die

die nach den Nothgesetzen gehn
der Mensch nicht so: Er stimmet oft nicht bey,
wo Grunds genug, um beyzustimmen wäre.

Adam.

Ein Grund, der wirklos ist, war nimmermehr zureichend.

Gabriel.

Er wars wohl in sich selbst, doch nicht in deiner Wahl.

Raphael.

Wenn du den Ausgang einer Sache,
gleich auf die Ursach folgen siehst,
so zeigt die Kette nur, daß was bereits geschehn,
nun auch nothwendig ist. Geschehen ist geschehn.
(O lächerlicher Grund! für euer Zwanggeschick.)
Sag' an, und nenn es mir, was es so zwingend macht,
ich will für's andre seyn,
und seine Wirkung auch verketten.
O Kette die ein Thor, sich selbst zu fesseln, schmied't!

Adam.

Zwingt uns noch Ursach, noch der Himmel
warum denn sieht Ers vor, und steuert dem Uebel nicht?
Ob Er darum, schon nicht zur Ursach wird,
so scheint Er doch zu wollen,
daß sein Gesetz, wir Menschen brechen sollen.

Gabriel.

Gabriel.

Giebt ers ja zu, so willigt Er nicht drein.
Und unsre Wahle fällt, wo Er es hintern will.
Und so Er euch den Willen nähme,
so schüffe Er euch um.

Adam.

Doch besser wär's, gebunden zu dem Guten,
als zu dem Bösen frey zu seyn.

Raphael.

Was wäre für Belohnung oder Strafe,
wenn noch das Gute noch das Böse
soll' in des Menschen Freyheit stehn?
Die ewige Gerechtigkeit,
wie könnte sie, die jenen, deren Sünden
sie selbst beschloß, zur Strafe ziehn?
Und wäret ihr, nothwendig gut gemacht,
wie könntet ihr Belohnung fordern?
So würde seine Macht, sich nur durch Güte weisen,
und nicht dein Thun.   Genug! Gehorch!
So wird die Freyheit dir die Seligkeit,
und uns den Engeln Freude bringen.

(Raphael und Gabriel fliegen in die Wolken,
und die andern treten ab.)

Adam

Adam und Eva.

Adam.

Zu harter Lebensstand!
Da was ich will, der Himmel vor mir weiß,
o warum ward ich nicht, vom Böszhun losgebunden?
Und da Er doch die Last zu tragen besser taugt,
weßwegen läßt Er mich, mir selber vollends über?
Der Engel Fall, die stärker sind als ich,
beweis't genug.
Hätt' Er mich Schwachen eingeschränkt,
so wär' Er gnädiger gewesen.
Daß Er die Folgen weis, und läßt mich frey,
entschuldigt ihn, mir aber hilft es nicht.

Eva.

Mein Herr, und Schatz! wie hoch ist nicht die Sonne schon,
und wir beginnen nichts, zu unserm Zeitvertreib.
Der Grund giebt mehr umsonst, als wir nur fürdern können,
Natur und Trieb sind gut, ja fast verschwenderisch.
Der Pfad weis't wo wir gehn, den geilen Wuchs der Zweige,
die Füsse heben wir, verwiggelt, mühsam auf,
da quer den Gängen, sie allwerts,
geschossenes Gesträuch antreffen.

Adam.

Sehr wohl gesagt! Nun dann, so laßt uns gehn.
Zu gut ist die Natur: sie folgt uns zu geschwind.

D

Kaum giebet sie uns Zeit, die Schätze zu besitzen;
Ihr Ueberfluß, macht unsern Fleiß zu Spott.
Der Wuchs von einer Nacht, verwildert und zerstöhret,
(uns bleibt das Merkmaal kaum) was wir am Tage thun.

Eva.

Da wir dann viel zu thun, der Hände wenig haben,
so nehmen wir den Tag, ein jedes seinen Theil.
Bey dir, sind meine Hände träg.
Und wollt'st du fleißig seyn, so würde meiner Seits
bald hier ein Blick, bald dort ein zärtliches Betragen
(dann anderst könnt ich nicht) dir vor der Arbeit seyn.

Adam.

So sehr sind wir, zur Arbeit nicht verbunden
daß uns das Lächeln und die Zärtlichkeit,
die eine Freyheit, nur der Menschenliebe ist,
(und die Vernunft uns giebt, und die das Vieh entbehrt)
verbothen sollte seyn.

Drum sey's, daß unser Aug, sich nun und denn begegne:
So kleine Arbeitsfrist, ist uns nur angenehm.
Du aber suchst dich weg, von mir, und frische Lust,
und bist schon meiner satt.
Doch dieses auch, (wärs klug) könnt ich dir noch erlauben.

Eva.

So was geringes nur: und dieses schlägst du ab?

Adam.

Adam.

Der groffe abgefall'ne Engel,
beneidt, verfolget uns, und ist uns tödtlich gram.
Doch, da er uns durch Macht, zu überwinden zweifelt,
so dichtet er auf List, uns mehr zu hintergehn.
Und trennen wir uns nun, so wirds ihm leichter fallen,
hingegen zwey vereint, sind eins des andern Schutz.

Eva.

Doch da er uns durch Macht, zu übermögen zweifelt
und nur durch List, den Angrif wagen darf,
so heißt dieß meinem Herz, und meinem Witz mißtrauen,
wenn dir um meine Treu, vor seinen Tücken graut.

Adam.

Mißtrauen nenn' es nicht; ich sorge nur für dich,
denn du bist ihm zu schwach; er allzuschlau für dich.
Wie konnt er sonst, der Engel Heer verführen
daß ihre Sünde fast den Himmel öde ließ.

Eva.

Laß ihn mit feinster List, und schwarzem Haß bewafnet,
soll unser Unschuldsstand, uns drum so furchtbar seyn?
Ist unsre Treflichkeit, nur von so schwachem Schuff
daß jeder Anschlag ihn, von Grund erschüttern könnte?
Vertraue mir und dir, und auch dem Himmel mehr.
Wer immer furchtsam ist, kann nimmer frohe seyn.

Arm

Armſel'ge Seligkeit! die ſo viel Sorgen drücken
und da der Menſch allein, ſich ſelbſt nicht trauen darf.

Adam.

Wir ſind nun ſo, und von dem Fall nicht frey.
Doch ſtehn wir feſt, wenn die Vernunft uns leitet,
und dieſe iſt, in zweyen doppelt ſtark.
Allein ſeyn, wollt ich nicht, wie dörfteſt du's denn wagen?

Eva.

Weil ich, von dir gewahrnt, mich mehr als ſicher weis,
und mich gelüſt, ein Probſtück abzulegen.
So prüf' ich meine Treu', und kann ich dich zugleich
der überflüß'gen Furcht entheben
und werde deiner Huld und Achtung noch mehr werth.
Kann dieſes dir, den Eigenſinn nicht brechen,
ſo wiſſe, daß ich hier, dir ſchon abweſend bin.

Was Freude haſt du denn, von meiner Gegenwart,
wenn ich gezwungen bleib, und mich weg von dir wünſche?

Adam.

Der Zwang reimt ſich, mit Lieb' und Schönheit nicht.
Befehlen wollt ich nicht: Nur wollt' ich dich bereden.
Gelindigkeit, iſt beſſer als der Ernſt.
Gefallt es dir,
abweſend und doch hier zu ſeyn, ſo gehe,

in

in deiner angebohrnen Unschuld hin.
Nur biete der Vernunft, so viel du hast zusammen.

Eva.

Schatz! Augenlust! du liebst; darum bist du gefällig.

(Sie fällt ihm um den Hals.)

Ich gehe nun und wag's.   Doch nehm' ich mich in acht.
Wer gar nichts wagt, steht minder auf der Hut.
Der Feind ist allzustolz, das schwächre anzugreifen.
Und schlägt's ihm fehl, so hat er doppelt Schande.

(Sie geht weg.)

Adam.

Wo wirkt die Klugheit bey der Liebe?
So klug ich vor ihr ward, ist sie doch mächtiger.
Bestrafe mich, o Himmel darum nicht
dann hättest du, derselben Macht erfahren,
was Unrechts wäre wohl, das du versagen würd'st?

Sie winkt mir kaum, so fällt, all mein Entschliessen,
die Weisheit selbst, wird Thorheit wo sie spricht
erschrickt vor der, die sie doch führen sollte
liebkoset ihrer Macht,
und giebt, die eigne Stärke, auf.

(Es wird der mittlere Theil des Gartens vorgestellet, wo 4 Bäche zusammen fliessen. Auf
der rechten Seite der Schaubühne weiset sich

D 3   der

der Baum des Lebens, und auf der linken
der Baum der Erkenntniß.)

Lucifer allein.

Mich deucht es sollt, auf meine Wiederkunft,
die Schönheit dieses Orts, vor mir die Trauer anziehn:
Und selbst die Lebensfrucht und aller Edensflor
verwelkt, die Wunden Köpfe hången.
Dann sicher ist mein Odem nun vergift'ter,
und führt schon Tods genug, durch einen einzeln Hauch,
die ganze Schöpfung zu versengen.
Vor Scham und Trotz, und Sorgen aufgebläht,
schwung ich schon dreymal meine Flügel
und schwärmte, von der Nacht begleitet, durch die Welt,
(nur seinen Wachten auszuweichen)
noch hinter jenen Feuerball.

O was ist mir, und meines gleichen Bosheit,
zu mühsam? Nichts. Und muß ich auch
die niedrigste Gestalt, des dümmsten Vieh's annehmen.

Ich liege hier, in einem in sich selbst
verschlungnen Schlangenbalg verstecket,
und laur' in diesem Dornstrauch, unentdecket.

Doch sieh das Weib, zum Glück allein.
Ein guter Vorboth! Doch ich muß um was zurücke,
und in geborgter Form, mein freches Werk betreiben.
                    (Er versteckct sich.)

                                        Eva

Eva allein.

So nah' ist's doch erlaubt, und kann nicht Sünde seyn
dieß himmlische Gewächs, genauer anzusehn.
Mehr wag ich nicht.
Berühren möcht', ein Laster an mir heissen
berühren wär' als liebt' ichs unerlaubt.
Auch mag der Tod bey solcher Frucht sich finden,
(wenn auch der Tod, bey was so schönem wohnen kann)
und ihr Geruch vergiftet seyn.

Doch Himmel, gnad'! ich könnt' es eh'nder leiden
wär' auch all' andre Frucht, als diese, mir versagt.

> (Ein Wurm kömmt auf den Schauplatz, ma-
> chet sich gerade nach dem Bäume der Er-
> kenntniß: Windet sich hinauf, pflückt ei-
> nen Apfel ab, steiget wieder hinunter,
> und trägt ihn davon.)

Eva erblickt dieß.

O Wunderding!
Gewährtest du denn grosser Schöpfer!
Dieß niedrige Gemäch, dergleichen Freyheit,
die wir als seine Herrschaft missen?
Geschah's vielleicht von ungefehr,
und wat's aus frecher Dummheit glücklich?
Ich sah die krause Cron: und einen schlanken Leib
den Stamm umwinden.
Die Purpurfrucht, mit Gold fast übermahlt,

riß er vom reichen Zweig,
und trug sie triumphirend fort.

Sie selbst schien froh, so raubenswerth zu seyn,
und der Vermegne zog, als Sieger straflos ab,
und schien auf die beglückte Schuld zu trotzen.

Lucifer zu Eva
in einer menschlichen Gestalt.

Heil zu, du Erdenköniginn!
Geformt den Weltkreis zu besitzen.
Dein Blick allein, beseligt die Natur.
Nur dein ist sie, und du, bist ihre Kayserinn.

Du schafft den Bäumen Trieb und Früchte;
und alle Blühte, blüht durch dich.

Beglückt sind sie! obschon unfähig es zu schätzen.
Noch glücklicher sind die, so dir am nächsten sind,
und voraus ich, da mich, die Menschensprache,
und die Vernunft erhöh't, und mir vergönnet ist,
zum ersten dich zu preisen.

Eva.

Wer bist du? und woher? dann ausser meinem Herrn,
hört' ich allhier, noch keines Menschen Stimme.
Bist du mir wo ein andrer Adam?
Wie er, auch aus dem Erdenklos gebildt?

und haſt an dieſes unſer Luſtgefield
auf dein Geburthsrechthin, uns gleiche Forderung?
Sag! oder ſtammſt du von dem Himmel ſelbſt.

Lucifer.

Ein unterthäniger und eingebohrner Knecht,
von dieſem ſel'gen Ort, dein Lehenmann bin ich.
Der Himmel ſchuf mich eben, nur in Eil,
aus dem gemeinſten Zeug, und kaum war ich entworfen,
ſo ſchmiß er mich, die Zahl nur auszumachen,
noch unter das grasfräß'ge Vieh,
und unter das hochſteigende Geflügel,
von ungefehr, und nicht mit Vorbedacht,
weit über ſie erhöh't hieher.

Eva.

Was Wunders machte dich denn ſo?

Lucifer.

Wer würde dir, Gebietrinn! was verheelen?
Sah'ſt du mich eben einen bunten Wurm,
ſich dort auf jenen Baum, mit güldnen Ringen winden?
Der war ich noch, vor dieſem Augenblick.

Eva.

Ach rede deutlicher. Du ſprichſt von Ebentheuern.

D 5   Lucifer.

Lucifer.

Ich wünscht' und dachte damals nicht so hoch.
Nur reizte mich, ein angebohrner Trieb zum Guten,
dem nöth'gen Futter nachzugehn.

Ich warf das Aug, auf diese Himmelsfrucht.
Die Wunderfarb entzückte mein Gesicht,
und der Geruch den gierigen Geschmack.

Kurzum, ich nahm und aß:
kaum schmeckt' ich dieß unsterbliche Gericht,
so ward ich schnell verwandelt wie ich bin,
GOtt gleich, und nach dir Schönste wunderschön:
und dacht und schloß und sprach, und fand dich hier,
Du Königinn, der wirkenden Natur!
Mit allem was sie Reizes hat geschmückt.

Eva.

O wie beglückt, biß du? Ich grad das Gegentheil,
darf weder essen, noch gelüsten.
So wills der Himmel und befiehlts
was dir das Leben gab, befürdert uns den Tod.

Lucifer.

Gewiß ihr irret euch, der Baum ist nicht gemeynt.
Kein Himmel kann, den Segen den er giebt beneiden.
Vielleicht ein wildes Kraut, das ungeheissen wuchs,
ein Kraut das tödtlich ist, mag euch verbothen seyn.

Nicht

Nicht diese Götterfrucht, da Farb, Geruch, Geschmack,
und alles einen vorbedachten,
und nicht eilfert'gen Schöpfer weis't.

Eva.

Nein, nein. Die Frucht kenn ich, an eben diesen Zeichen
ich fürchte seinen Ernst, und seine strenge Macht.

Lucifer.

Gestreng fürwahr, und hart, beynahem ungerecht!
wenn euer Sold der Tod, so ihr mehr wisset, ist.
Das Wissen ist ja gut. Wers scheut bleibt unvollkommen.

Eva.

Was denn, kann der, als unser Bestes suchen,
der alles giebt, und uns so glücklich setzt?

Lucifer.

O schönste Gebietherinn! zörne doch nicht
wenn ich um deinen Handel eifre.
Ich darf sein Hirnsgeboth, doch für mich übersehn.

Sein Zweck ist nur, euch niedrigblind zu halten,
Dann Sklavenfurcht, folgt auf Unwissenheit.

Wir kennen ihn . . . .
Er weis, daß so ihr ess't, ihr Gott gleich werdet seyn,
so weis Er immer ist, und so anbethungswürdig.

Er

Er gab euch dieß Geboth, aus Eigennutz,
Auf daß dein Reitz, bey Ihm nicht Aufruhr stifte.

So lang Er aber euch in blindem Schrecken hält,
so bleibt er im Besitz und ist zu klug,
es mit gemeinderen zu wagen.

Eva.

Halt in! wer darf sein Recht in Zweifel ziehn?
Die Macht die uns erschuff, muß auch unendlich seyn.

Lucifer.

Wer sagte Euch, wie ihr ein Wesen wardet?
Die Sonn' und Erde schafft, stäts aller Gattung an,
die Früchte, Blumen, Gras; ja lebende Geschöpfe.
Doch dieses war noch roh. Ihr seyd was ausgefeinters,
da eine Lebenshitz, auf reinern Stoff gewirkt;
und ein erhabneres Geschlecht,
das denken kann erschuff.

Vielleicht mag dieses auch, deßelben Ursprung seyn.
Was war zuerst. Nur frägt sich's, ob Er's sey?
Jedoch, ich setze dieß: so setz ich Ihn auch gut.
Und ist er dieß. Wie kann er dem Geschöpf,
die Speise der Unsterblichkeit mißgönnen?

Eva.

Doch steht der Tod darauf, so wir Ihm nicht gehorchen.

Lucifer.

Lucifer.

Sieh an mir ab, was dir geschehen soll.
Du sah'st, ich aß, und lebe noch.   Ja mehr,
ich bin vollkommener, als ich ursprünglich ward.
Nein, fürchte nicht,
daß solche Kleinigkeiten ihn erzürnen.
Der Himmel wird viel eh'r, die freche Tugend preisen,
die durch den angedrohten Tod,
unsterblich Gut erwarb.
Ein Gott wird durch die Götterspeis unsterblich.
So kost' und iß!
Dieß ist, was dich und ihn, noch ungleich macht.
Und, wie ich die Vernunft erwarb
wirst du die Gottheit dir erwerben.

Eva
abseits und Gedankenvoll.

Er aß, und lebet noch: und weiser als zuvor.
Ward denn der Tod, für uns nur ausgefunden?
Und ist die Weisheitskost, die dieses dumme Vieh,
so vortheilhaft genoß, uns anderen versagt?
Die Kost die es nicht nur geprüfet
nein überdieß, so frey, und neidlos anerbeuth?

Lucifer.

Beherzt, und frisch! fort! mit so kahlen Zweifeln.
Betracht ihn wohl, den Baum, des GartensKönig,

wie

wie ungeheuer er Wald und Aeft ausdehnt,
und sein erhöhtes Haupt, vor anderen erhebt.
Der Himmel wird ja nicht, selbst seinen Werken schaden.
Im besten Grund, pflanzt er mit nichten Gift.

    Eil und koste! wenn du zauderst,
    so verleurst du Zeit und Gottheit.

               (Er beuth ihr die Frucht dar.)

Eva.

Es ist gethan!
Ich wag's, und will denn ungehorsam seyn.

            (Sie siehet sich um.)

    Vielleicht steckt Er wo droben,
und achtets nicht. Auch seh ich niemand hier,
von seinen jubelnden Trabanten.

          (Sie ißt.)

Nun geh' ich meinem Herrn die schöne Frucht zu bringen
und will er Theil an meiner Seligkeit,
so nehm' er auch, an meiner Sünde Theil.

          (Sie läuft eilends fort.)

Lucifer.

Sie fleugt davon. Und dankt vor Eile nicht.
Es steht nicht, guten Rath, so unbelohnt zu lassen.
Doch ist mein Werk, zum größten Theil vollbracht.
Nun ist sie die Versucherinn, sein Herz zu fangen.
Auf dessen Treu die List, zu wirken nicht vermocht,
der mag vom Reiz, der falschen Liebe schmelzen.

Der

Der fünfte Aufzug.

Der Schauplatz, das Paradies.

Eva frolockend, mit einem Zweige in der Hand.

Mich deucht, ich trete leichter als zuvor.
Mein flinker Fuß, drückt kaum den Rasen nieder,
so prellt er wieder auf, als flög' ich in der Luft.
Pfuy dieses Erdensitzes!
Der Himmel ist mein Wohnpalast.
Dieß Paradies nur eine Nebenhütte. . . .

Doch, Himmel! nimm mich so geschwind nicht auf,
es wäre hart, den Bettfreund so zu lassen.
Der Unglückselige! ich lieb' ihn dennoch fort.
Doch! geb' ich ihm auch Theil? er meistert schon zu viel.
Die Einzelmeisterschaft, steht nun in meiner Macht,
und da ich weiser worden bin,
ists nun an mir, die Mannheit ihm zu beugen.

Das Herrschen ist doch süß. Wie aber wenn ich stürbe?
und der im Himmel schüff' an meine Statt,
Ihm eine zweyte Eva her;
Sollt ich denn todt, und sie die seine seyn?
Nein, nein, er muß, mitleben oder sterben.
Er esse auch!
Die gleiche Sünde, gleiches Glück!

Adam

Adam kömmt.

Was Freud ist ohne dich?
Du bliebest aus; flugs war, kein Eden mehr für mich.
Die Winde, mißvergnügt, bemurrten dein Verweilen.
Die Brunnen steckten sich, und klagten es dem Kies.
Und da du wiederkömmst, so stellet sich ihr Klagen,
und werden schon, die Gänge wieder grün.

Eva.

Da hast du fürderhin, nicht Ursach mehr zu keifen,
noch, geh' ich künftig weg, sollt dir so bange seyn.
Der Tod war kurz, und unversucht, mein Schatz!
Und darum fremd.　Doch war die Ursach fremder.

Adam.

Ich zittere. . . .
　　Was Arges ahndet mir . . . mir grau't es　}　beyseits.
　　　　auszuforschen.

O was soll diese holde Frucht?
Und dieses Blut? durch deine schuld'gen Wangen.
Red' . . . unverheelt . . . Es muß zuletzt doch seyn.

Eva.

Beherzt, mein Schatz! . . . Ein Mann muß kühner thun,
die Frucht . . . (was zitterst du? kein Tod ist noch so nah)
die kostet' ich zuerst, und dennoch starb ich nicht.

Adam.

Adam.

Ist es? . . . : : Ich darf nicht alles fragen, ⎤
Das Zweifeln leichtert noch wo man das ⎬ beyſeits.
            ſchlimſte fürcht.   ⎭
Gelt es ist nichts? . . . .

Eva.

Nein es ist nichts, das du zu fürchten hast.
Was für Gefahr, weiſ't dieſe holde Frucht?
Man täuſchte uns, und würd' uns ferner täuſchen,
hätt' ich es nicht, beherzt zu erſt gewagt.

    Doch nein: ich nicht zu erſt, ich ſchäme mich's zu ſagen,
die Schlang', indem ſie aß, wies mir den erſten Weg.
Die Schlange koſtete: da gab die Götterfrucht,
dem dummen Vieh Vernunft; dem ſtummen Thier die
            Sprache.

Adam.

    Du ſchönſtes Kunſtgeſchöpf! du letzt und beſtes Werk!
der Werke unſers Himmels!
O ſchade dich ſo ſchön, und doch ſo ſchwach zu ſehn!
wie abgeſetzt! von deiner angebohrnen Herrlichkeit.
und wie zerſtöret, und gefallen!
O Weib! dein eigner Fall! und da ich ohne dich
nicht leben kann, auch meines Falles Urſach'!

Eva.

    O ſpahre dieß, wenn ich Erbärmniß nöth'ger hube,
Ich weis mich nun beglückter als zuvor,

            E   voll.

vollkommner, weis', und hätte was ich wünschte,
wär' ich nur auch gewiß, dir ferners werth zu seyn.

Adam.

Ich sah's, wie hoch du mein Vergnügen schätztest,
(doch Himmel! möchtest du, so leicht, als ich, verzeih'n.)

Müßt' ich nicht ohne dich, in öden Wäldern leben?
Und als ein wilder Einzelherr, doch mißvergnügt,
nur dummem Vieh Gesetze geben?
Und dächte zwar noch fort, doch dächt' ich nur,
was ich geliebt, und nun entbehren müßte.

Eva.

So sey bey mir vergnügt, und iß und fürchte nichts;
sonst möcht' ich ohne dich, zu einer Göttinn werden.
Wärst du denn unter mir, so sprächest du zu späth,
(da es nicht mehr verhängt) ungleiche Liebe an.

Adam.

O täusch dich nicht, mit Träumen von der Gottheit,
Ich sehe deine Schuld, zu späth, doch allzu wohl.
Und sicher diese Frucht, mehrt deine Kenntniß nicht.
Doch ach! du bist zu schön, und ich, ich liebe noch.
So sag' ich denn, mit Willen nicht getäuschet,
dem Leben ab. Du sündigtest
aus Unvorsichtigkeit: Ich sündige aus Liebe.

(Er ißt.)

Eva.

Eva.

O wunderbare Macht, der ungemeinsten Liebe!
(Sie fällt ihm um den Hals.)
Weßwegen fiel die Prob, daß du sie hast, auf dich?
Dieß Loos mißgönn' ich dir: und wo es möglich wäre,
ich wagte mehr als nur den Tod für dich.
Doch fürcht ich ihn, deßwegen eben nicht.
Wir sterben nicht, da wir uns also lieben.

Adam.

Es komme wie es mag. Das Spiel ist nun gesetzt.
Gab er die Lust; war's Sünde, auch zu kosten?
Und ists nur darum Sünd, weil ers verbothen hat,
so ist der Fehler klein, und dessen Straf zu hart,
dieß neue Weltgeschöpf, deßwegen zu verderben.

Auch lohnte es sich nicht,
uns kaum für einen Tag zu bilden.

Eva.

Weg! mit der Todesfurcht, der Sünde, und dem Uebel:
und denk', er schuff, uns beyde, uns zur Lust.

Adam.

Aufs wenigste, verschieb ich diese Angst,
und werd' aus Furcht, nicht eh'nder sterben.
Kömmt es: so laßt zuvor uns frölich seyn.
Und ist die Lust gebüßt, so mag der Feind uns greifen.
Inzwischen machen wir das Leben uns zu Nutz,

und schaffen auf. Denn wird der Tod gesteh'n,
daß wir gelebt, und ihm den leeren Raum nur lassen.

(Sie treten ab.)

Lucifer allein.

Es ist vollbracht!

Schon siechet die Natur, und bebet rund umher:
Die Mutter Erde seufzt, als fühlte sie die Wunde.

O, wie von kurzer Dauer, war dieser neue Staat!
Und wieviel stärker ist, der strenge Höllenhaß,
als aller Himmel Liebe!

Sein Vorsatz ist gestört, sein irdscher König hin.
Dem Feind schuf er ein Reich, es zu regieren.
Laßt nun dem Himmel, das, was Ihm sein Sieg erwarb.
Ich bin vergnügt, das zweyte Loos zu haben.
Die Erd' ist mein, sein HErr mein eigner Sklave:
und sein erkriegter Ball, mit meinem Reich verknüpfet.

Nun führ' ich, aus dem Pful, erlös't
mein Legionen Volk, die angeschwärzte Luft
mit schwärzern Pannern anzufüllen.
Von hier aus steigen gift'ge Dünste auf,
und treiben ihn, in die entferntsten Himmel.

(Ein Donnerklopf erschröckt ihn.)

Doch sieh, er hört es schon; ich sprach zu hoch.
Mich schreckt dieß Werkgerüst, das seinen Thron bewahret:
drum flücht' ich mich, dort unter seinen Grimm,

Den

den Tiefen zu. Und will, doch wenigstens das Reich,
das ich itzt nicht behaupten kann, verheeren.

(Er versinkt.)

Raphael und Gabriel.

Raphael.

So viel des Himmels Seligkeit,
von Kummer haben kann,
sitzt nun, auf jeder Stirn, der lichten Himmelsbürger.

Erbarmung über das Geschick des Menschen,
und Zärtlichkeit für ihn,
sind ohne Abbruch ihrer Seligkeit,
bey ihnen nun vermischt.

Ihr himmlisch Harfenwerk, geht in dem untern Thon,
und sanfte Melodey'n, beklagen seinen Fall.

Gabriel.

Ich sah die Engelswacht, betrübet aufwerts ziehn.
(Betrübt nun schon, ihr Schutzamt aufzugeben.)
Ihr Haupt nicht ganz entstralt, doch sehr erblaßt,
sah fast, als hätten sie, die schwere Schuld begangen.
Dieß Neue bracht, das Himmelsvolk zu Hauff.
Sie aber grüßtens kaum;
nur giengen sie, mit niedsichsehnden Blicken,
und mit bedachter Brust, und sinnten schweigend nach,
das fehlgeschlagne Werk, betrübet zu verkünd'gen.

E 3   Raphael.

Raphael.

Doch fühlete, des Ew'gen Majestät,
so streng und so gerecht sie ist,
das mildeste Erbarmen.
Verschob den Tod. Und wollt', auf vorgeseh'ne Buß,
nur mit Verweisung strafen.

Gabriel

Dieß anzusagen liegt dir ob;
mir! diesen Garten zu bewachen.
Auf daß der Mensch, dem Lebensbaum nicht nahe,
und ihn entheilige, und so dem Tod entgeh.

(Es läßt sich wieder ein Donnerklopf hören,
und die Engel gehen ab.)

Adam und Eva kommen erschrocken daher.

Wo find ich eine Gruft, mein Haupt hin zu verbergen?
Wo, meine Sicherheit? Itzt ist die Unschuld hin.
Ich trotzte Höll und Tod, als diese mich noch schützte.
Nunmehr erzittre ich, auch wenn der Himmel naht.

Eva.

Wo fliehen wir denn hin? was sollen wir beginnen?
so weit mein Aug, nur ostwerts sehen mocht,
sah ich ein fallend Feuer, aus offnen Himmeln blitzen.
Sein zwitzernd Licht (mich deucht es schreckt mich noch)
durchknallte stralend diese Bäume.
Der Cedern Wipfel sah'n gediegnem Golde gleich.

Adam.

Adam.

Ein Göttliches Gesicht! das Stralen unerträglich! †
O wär ich wo versteckt! wo nie kein Licht hinscheint,
so würf' ich mich, in ein Verdeck von Düsternheit,
der Sonn' und Sternen undurchdringlich,
wo mich die ew'ge Nacht, vor allem Tag beschützt,
dem Himmel unbekannt, mir selbst, nicht sichtlich machte.

Eva.

Umsonst! was Hoffnung ists? da sein durchdringend Aug,
Auch aus des Chaos Nacht, das Licht gezogen hat.

Adam.

O hättst du so gedacht! als du von hinnen gieng'st,
und unbewacht, nur deiner Unschuld trautest.

Da hast du nun die Frucht, von deinem Eigensinn.
Die Schuld geh't vor uns her: der Tod folgt auf dem Fusse.

So schädlich ists, wenn man Versuchung sucht.
Wer sich am meisten traut, soll meistens an sich zweifeln.

E 4   Eva.

† (Das folgende umschrieb ich einsten, wie ichs hersetze:)

O wär ich wo versteckt, wo Licht ein Unding ist,
und durch den Abgrund sich nur Nacht und Trübheit ließt:
So wollt ich dort, mich in das Düstre werfen,
wo eine Finsterniß der allerschwärzsten Nacht
den allermindsten Schein, des Tageslichts versagt,
und Sonn' und Sternen nimmer scheinen,
so müst' ich wenigstens mich selber nicht mehr sehn.

Eva.

Und hätt' er dich versucht, wär'st du nicht auch gefallen?
Ja beyden uns zugleich, konnt es nicht auch gescheh'n?

Verdammte Unterwürfigkeit!
für all mein künftiges Geschlecht.
Zu erst, so lang die Hitz der Liebe, währt vergöttert,
und denn, wie ihre Mägde nur.

Adam.

Ich wiederrieth es dir; dein Hochmuth wiedersprach.
Dein Eigensinn wars nur. Den klage an.

Eva.

Hast du so sichre Brief', allein nur weiß zu denken?
warum denn gab'st du nach, da ich so wenig war?

Das Reich darauf du pochst, dieß solltest du behaupten,
und als mein Einzelherr, dem Halsstarr wiederstehn.
Ein Rath langt ja nicht zu, mein hartes Herz zu führen;
ein rascher Zwang, war deine Schuldigkeit.

Adam.

Dergleichen Dank verdient, wer rechtlich stärker ist,
und euch doch zärtlich liebet.
Weit anderst liebte ich. Kaum wußt' ich deine Schuld,
so theilte ich den Fluch, der sie verfolgte.

O harter Liebensstand! den die Vernunft erlaubt,
nun aber ihn verdammt, daß er nicht streng gewesen.

Eva.

Eva.

So überzahlst du deine Zärtlichkeit!
Der Vorwurf macht uns alles Dankes quitt.

Adam.

Wer allzuviel auf Weibertugend bau't,
stellt einen ungebundnen Willen,
auch ungebundner Freyheit blos.

Zwang liebst du nicht, und schien es dir zu hart,
als ich in deine Klugheit Zweifel setzte.
Und überließ ich dich, dir selbst; und schlug es fehl:
da bist du flugs, und wirfst mir meine Nachsicht vor.
Verfluchter Augenblick!
da meines Glückes satt, ich es mir zu verbittern,
nach einer Gattinn sah, so die Vernunft nicht hat,
die ihren Willen führen sollte,
und nur genug, zum nicht gehorchen weis.

Eva.

Viel besser wärs, beym dummen Vieh für mich,
Vernunftlos keine Rechnung geben.

Ein Weib ist wohl, das ärmlichste Geschöpf,
vom höchsten Stand, zum niedrigsten verdammet.
Die Sklavinn ihres Manns.   Sie darf verstehn, nicht
                                      wählen.
Ihr Fluch ist die Vernunft, die sie nicht brauchen darf.

E 5   Adam

Adam.

Sprich noch sie sey, frech, stolz, fantästisch, wetterwendisch,
Sie schländre draussen gern, daheim gebietherisch.
Sie sey, aufs blinkende verpicht, und immer eitel.
Und würde ehr zum Teufel selber gehn,
als ihn, so sie es einst gesetzt, nicht sehn.

Der Schöpfer nahm für seine Engelschöre
als Himmelsvolk, nur Männerseelen, an.
Warum denn muß der Mann, vom Weib gebohren werden?

Und diese Sünde, der Natur der Erde,
dieß schöne Fehlgeschöpf, des Greisen schwache Krücke
(hülflose Hülf! die eine Männin heißt.)
Warum ward sie gemacht?

Die Nachwelt soll sie nimmer paaren,
als wo durch Mißverstand, die Liebe sie vereint.
Der wahre Mann, verfehle seines Wunsches,
und sehe nur den Sklav, der ihm verdächtlich scheint,
im Lieben glücklich seyn. Die blinde Lust allein,
leit' ihre wilden Fantasien;
Seyd Thoren treu! und gegen Weise falsch!

　　　　　　　　(Er wendet sich im Zorne von ihr,
　　　　　　　　　und stellet sich, als wollte er
　　　　　　　　　weggehen.)

Eva.

So! Unbarmherziger! du fleuchst mich in der Noth.
　　　　　　　　　　(Sie fällt auf die Knie.)
Anstatt, was nun geschehn, zum Besten auszudeuten.

　　　　　　　　　　　　　　　　Ich

Ich fehlte stark, auch fühl' ich alle Pein.
Es gehet hart, den Fehler zu gestehen:
Doch härter noch, mein Schatz! von dir zu scheiden.

Die Schuld ist mein. Du wahrnteft mich umsonst.
Was willst du mehr? ich klage selbst mich an.
War unsre Treu, so schwächlich nur befestigt,
daß eine Irrthumssünd', uns ewig trennen soll?

Wär's dir geschehn, ich hätt' erträglicher gedacht
als den gekränkten Geist, dir, immer mehr, zu kränken.

Adam.

Wie merklich glebst du nach? Nun dann! . . . es sey
verziehn.
Doch sieh mein Antlitz nimmermehr.

Eva.

Vergebenes Verzeih'n!
so mir ein grösser Uebel bringet.

O, hasse mich! nur leide mich bey dir.
Ich könnte ohne dich, Geliebtester! nicht leben.
Willst du mir so verzeihn: so tödte mich nur gar.
Schon selbst das Vieh, veracht uns seine Herrschaft,
und mich siehts seit dem Fall, nur schef und hönisch an.
Soll ich denn ohne Hülf' und ganz verlaffen gehn?
Doch geh' ich, so wirst du, zu späth erst, dich erbarmen.

Adam.

Adam.

Ach Schönſte! deine Buß, erbarmt mich itzo ſchon,
und du verdienſt, daß ich dich wieder liebe.

Eva.

Du nicht, nur ich allein, bin ſchuldig,
und ich allein, ertrage ſeinen Grimm.

Adam.

Du? du allein? den Grimm des Himmels?
Du trägſt nicht einen Theil, da du kaum meinen Zorn
als mit verwund'ter Bruſt ertrugeſt.
Vergieb es mir, ich ſehlte mehr als du.
Kehrſt wieder um: erwiedre meine Liebe.
Wir beyde ſehleten. Laßt auch uns beyde uns betrauren.

Raphael tritt auf.

Zuvor ward ich geſandt, dich vor dem Fall zu wahrnen,
nun bin ich dir, ein Herold deiner Straf.
Doch iſt ſie nicht ſo groß, als es die That verdiente.
Der Allergnädigſte, will nicht des Sünders Tod,
nur die Gerechtigkeit, muß die Empörung ſtrafen,
doch ſo, daß Gnad, die Strafe überwiegt.

Adam.

Noch darf noch will ich wiederreden;
der Tod entlad't mich doch der künft'gen Furcht.
Und legt mich, meine Schuld und Untreu abzubüſſen,
ſanft wieder in den Staub, daraus ich erſtlich kam.

Eva.

Eva.

Du suchst den Tod? bedenk es eh' du sprichst.
Gestreng war das Gesetz; die Kräften aber schwach.
Wer sprach ihn an, er sollt den Erdkloß bilden,
und aus der Finsterniß, uns an das Taglicht ziehn?
Wollt ich? wolltst du, das Leben, und das Seyn?
Schuff er uns, oder wir? Er ganz gewiß, nicht wir.
Wie sollten wir denn ein Gesetz,
das wir nicht selbst gewählet tragen?

Adam.

Vergebens suchest du, den Schöpfer anzuklagen,
Er schlug Bedingt vor,
und ließ uns frey, sie auszuschlagen.

Das Gute haben wir, von seiner freyen Wahl,
und murren schon, das Böse auch zu tragen.
Soll des abtrünn'gen Sohns, Entschuldigung uns schützen,
weil unbefragt, der Vater ihn gezeugt?
Ein größer Recht auf uns, gebührt dem Himmel,
der uns zu Knechten schuf. Wir leiden für den Fall:
das Gute haben wir aus Gnaden.

Raphael.

Die Buß' ist Euch gewährt: der Tod ist aufgeschoben:
die Strafe nachgeseh'n, obschon nicht ganz gehoben.
Doch ist des Höchsten Spruch: Um eures Lasters willen,
räumt dieses Paradies, und sey die niedre Welt;

auf

auf daß ihr diesen Ort, nun ferners nicht beflecket,
Euch, als zum Elend, angeräumit.

Eva.

So müssen wir, dieß Paradies verlassen?

Raphael.

Wie da zuvor Gewürz- und Balsambäume sah'st,
ist nun dein Loos, wo Dorn und Disteln wachsen.
Die Erde, dannenher du kamst, sey dir verflucht,
und hinfort sollest du, mit Müh die Nahrung suchen
und in dem Schweiß den Ueberfluß.
Du aber Weib! und aller Weiber Greuel
sey euerm Mann, als Herren zu gehorchen,
Er sey Regent, Ihr in der Dienstbarkeit.
Gelüstet mehr, als er wird geben können.

Adam.

Der HErr ist lauter Gnad;
Ich wollte gern die Arbeit auf mich nehmen
und mißte noch die Lust des Paradieses;

Nur nicht den Ort. Denn spräch' ich hier,
geflügelt gieng den Tag, ein Himmelsboth hieburch,
und hier, bey diesem Baum, stund ein verklärter Engel.
So wies' ich meinem wundernden Geschlecht
in Wald und Hayn, wo immer du erschienst.
Dieß alles sollte ihm, ein Ehrendenkmal tragen,
aus grünem Turf wollt ich ihm Dankaltäre bauen
und Weyrauch und Gewürz, sollt ihm zum Preise rauchen,

Raphael.

Raphael.

Wo du bist ist Er auch.
Sein ew'ger Geist, wirkt aller Orte durch.
Er füllt, uneingeschränkt,
den Ocean, die Erd; und Luft und Himmel,
und durchbewegt den Stoff, allwegen gegenwärtig.
Er kann dir nirgends ferne seyn.

Doch wäre dieser Ort, dein Königssitz gewesen,
und aller Ende her hätt' um dich zu verehren
und sein Urheimath hier zu sehn,
dein Stamm, der dann zumal, die Erde schön bevölkert,
sich her zu dir gedrängt. Unsterblich wärest du.

Nun sind, die Krankheit, Sorg, und Alter
der Krieg, ja gar, der Geilheit Raserey
als Früchte deines Falls, bereits auf dich gebracht;
um deinem künftigen Geschlecht des Tod's,
den Lebensodem abzukürzen.

Eva.

Mein Geist versinkt,
solch Uebel dessen ich die leid'ge Ursach bin
so deutlich vorzusehn. Allein was ist der Tod?

Raphael.

Da sollst du im Gesicht, sein gräßlich Antlitz sehen,
des Schreckenkönigs Bild, der dein Geschlecht durchwühlt.

Und

Und da du einen Theil, am künft'gen Schicksal hast,
so werd' auch deine Brust, mit wahrer Buß erfüllet.

(Der Schauplatz stellet aller Gattung Todesarten,
See - und Landschlachten, und andere mensch-
liche Unglücksfälle vor.)

Adam.

Unseliges Geschlecht! o Jammerstand des Menschen!
den ich dem Untergang verrieth,
und der durch meine Sünd, als selbstverschuldt gezeugt,
um ein Versehn, das er nicht meiden kahn,
verfluchet ist.

Eva.

O warum lebt der Mensch, gezwungner Weise?
der, (war er frey) dieß Leben, welches er
mit Müh' und Kummer führet, und mühsam laffen muß,
wohl nimmer wählen würde.

Man giebts, ihm unbewußt, und, kennet ers noch kaum,
als nun fein Eigenthum, und wird ihm lieb, ists hin.

Raphael.

Da könnt ihr alle Ständ' und * Alter sehen.　　　* alle
Das männliche, das abgelebte Alter:
den hülfbedürft'gen Kindheitsstand.
Hier stehn sie matt, und kränklich, kaum den Athem.
Dort eilt der Tod, schon durch Verzweiflung, vor.

Da

Da siehst du welche tolle Thoren,
die sich um nichts, um eine Kleinigkeit,
um Liebe, um vermeynte Ehre schlagen.
Hier reissen sie sich habernd um das Erz,
und werfens denen hin die sie verführten.
Dort siehst du, die im Krieg,
ihr Leben ohne Noth verschleudern.
Die Pfeiler, die die Einzelherrn setzen,
wenn einer um des anderen Herrschaft kriegt.
Und, als ob für ihr Loos, zu wenig Landes wäre,
muß noch die offne See, den tollen Hader schlichten;
In ausgehöltes Holz, setzt sich ein schwimmend Heer,
und zwingt gefangne Winde sich zu tragen.

Eva.

Wer sieht den Harm des Menschen allen vor?
Ehe wir dieß sah'n, da trugen wir, nicht mehr
als unsern Theil. Nun aber drückt uns schon
das ganze Schicksal künft'ger Zeiten;
doch sehn wir unsern Tod, noch eh' sie kommen, vor.

Adam

Die vorgewiesnen Todesarten,
bracht Unglück und Gewalt daher.
Haupthöhling stürzten sie hinunter.

Doch führet nirgendswo, ein sanfter Pfad, dahin?
ein Pfad, da man sein sachte,

F   mit

mit feinem angebohrnen Staub,
sich wiederum vermischen kann?

Raphael.

Es führt.　Doch wird er nur, zur Seltenheit betreten.
Der leitet ohne Schauer, des Todes Bleibstatt zu.
Nur welche, (von der Mässigkeit belehret)
gehn langsam, Schritt für Schritt, dem fernern Schicksal
　　　　　　　　　　zu:
und, wie ein Lamm des Abends pfleget,
auf seinem Bliesse sanft zu ruhn,
so sanft auch legen sie sich nieder.

Adam.

So still auch wünschte ich zu leben und zu sterben:
nicht einer Frühfrucht gleich, von Sturm und Wind gefällt,
Nein: daß ich reif, von dem entsaft'ten Zweige fiele,
und stürbe so, mir selber vorwurflos.

Eva.

Und ich, verhoffe auch gemächlich,
da mein Geschmack zur Lust, sich täglich mindern wird,
bey unvermerkt geschwächten Leibeskräfften,
so langsam ausgezehrt,
mich wegzustehlen und zu schmelzen.

Raphael.

Raphael.

Den Tod habt ihr gesehn. Nun sehet auch
das zweyte Leben euers Stammes;
Wie selig er, in Wonne, todlos, lebt.
Ihr Segen krönet sie,
weit mehr als ihr könnt sehn, und ich euch zeigen kann,
mit frölicher Unsterblichkeit.

(Hierauf läßt sich ein Himmel, mit Engeln besetzet,
herunter, der die himmlische Freude vorstellet,
dabey läßt sich ein Chorus von einer sanften
Musik hören.)

Adam.

O Güte, sonder End! wer, als der Himmel, würde
aus Bösem, so viel Gutes ziehn?

Beglückter Stand! rein, unveränderlich;
und nicht, wie in dem schwachen Unschuldsstand,
der Sünde blos, und hülfbenöthigt.
Aufricht'ge Freud! mit Sorge nicht vermenget!

Die Ewigkeit bleibt stät, und selbstbeständig stehn,
und welzt sich ferner nicht, um dieser Zeiten Pol:
vor dem Geschick, ja, vor der Sünde sicher.

Eva.

Ich kann vor Freud' entzückt, die Sünde die der HErr,
so gut geendt, nur halb bereuen.

Raphael.

Raphael.

Nun gehet so bewehrt,
dem nah'nden Uebel standhaft zu.
Dann seh't, die Wach' auf jenem Morgenhügel,
eilt wirklich her. Sie will nicht daß ihr bleibt.

Sie schwingen in der höhern Lufft,
zum Zeichen eurer Flucht, schon ihre Flammenschwerder.
Nun treiben sie schon näh'r, und segeln niedsich zu.
Sie glitschen durch den Raum gleich einem Luftgesichte.

Adam.

So fahre wohl, mein Alles!
ich pflege meiner Ruh, und seh nicht mehr zurück.
Denn können wir nicht haben was wir lieben,
so lindert es, wo mans vergißt, den Schmerz.

Eva.

Und fahrt auch wohl, beglückte Schatten!
wo sonst der Engel Schaar
wenn sie gen Himmel singen wollten,
im Lobgesang geübt, ihr Harfenspiel besetzten sollten.

Fahrt wohl ihr Blumen deren Knospen
ich früh bewacht, besorgt, und nach der Sonne zog.
Wer soll euch eure Stämme binden?
Und so ihr fallt, wer gießt euch nun

durch

durch clare Brunnenwafferſtröme,
die Ohnmacht aus, die Seelen wieder ein?

Fahr wohl für lang, o meine Hochzeitlaube!
mit Balſamduft und ſchönſtem Flor erfreut.

Fahr endlich wohl! Geburthsſtadt! fahre wohl!
Ich wandere, ſo weit ich kann,
der untern Erde zu. Wer abgeſetzet iſt,
iſt, weit von dem, das er beſaß, am beſten.

Raphael.

Der Wind ſteigt ſchon, und drängt die ungeſtüme Lufft. †
Der herbe Winter kömmt, auf ihren Schwingen an.

Schon

† (Anderſt:)

Die Winde wehen ſchon
und drängen dort, die Lufft mit Ungeſtüm.

Schon bringen ſie, auf ihren leichten Flügeln
den ſtrengen Winter her. Die Thiere fühlen auch
bereits die Witterung, und rennen vor dem Froſt
geſicherter zu ſeyn, den dichteſten Hecken zu.
Das zahme Vieh flieht vor dem reiſſenden
und die Natur hat ihren Krieg begonnen.

Drum zieht ꝛc.

Schon fühlet das Gewild, die Aenderung,
und fleucht den Gründen zu nach schützenden Verdecken
die schwächre Heerde rennt, schon vor der stärkern weg.
Dann die Natur, hat ihren Krieg begonnen.

Drum zieht im Friede hin: und findt nach wahrer Busse,
an des verlohrnen äussern Edens statt,
in euch das innre Paradies.

ERDE.